班主任工作助手丛书

张万祥　郑学志　主编

遭遇问题学生
——问题学生的教育与转化技巧

万玮　编著

中国轻工业出版社

图书在版编目(CIP)数据

遭遇问题学生：问题学生的教育与转化技巧/万玮编著.—北京：中国轻工业出版社，2010.1（2025.1重印）
（班主任工作助手丛书）
ISBN 978-7-5019-7344-6

Ⅰ.①遭… Ⅱ.①万… Ⅲ.①后进生-教育-研究
Ⅳ.①G455

中国版本图书馆CIP数据核字（2009）第185826号

保留所有权利。非经中国轻工业出版社"万千教育"书面授权，任何人不得以任何方式（包括但不限于电子、机械、手工或其他尚未被发明或应用的技术手段）复印、拍照、扫描、录音、朗读、存储、发表本书中任何部分或本书全部内容，以及其他附带的所有资料（包括但不限于光盘、音频、视频等）。中国轻工业出版社"万千教育"未授权任何机构提供源自本书内容的电子文件阅览、收听或下载服务。如有此类非法行为，查实必究。

责任编辑：吴　红　　　责任终审：杜文勇
策划编辑：吴　红　　　责任校对：刘志颖　　　责任监印：吴维斌

出版发行：中国轻工业出版社（北京鲁谷东街5号，邮编：100040）
印　　刷：三河市鑫金马印装有限公司
经　　销：各地新华书店
版　　次：2025年1月第1版第19次印刷
开　　本：710×1000　1/16　印张：13.5
字　　数：144千字
印　　数：48001—50000
书　　号：ISBN 978-7-5019-7344-6　定价：25.00元

读者热线：010-65181109
发行电话：010-85119832　　010-85119912
网　　址：http://www.chlip.com.cn　http://www.wqedu.com
电子信箱：1012305542@qq.com

版权所有　侵权必究

如发现图书残缺请拨打读者热线联系调换
242423J5C119ZBW

丛书总序

班主任因其特殊的使命、特殊的地位、特殊的身份，越来越为人们所关注。班主任工作饱含着太多的诗意和艰辛、太多的获得和奉献、太多的追求和跋涉、太多的责任和义务……教育之爱在班主任中流淌不息，教育使命在班主任生命中延续不止。一代代班主任执着于"捧着一颗心来，不带半棵草去"的情怀，在教育的路上，启迪蒙昧的心灵，点亮人生的路灯。在清贫中坚守责任，在坚守中甘于奉献，在奉献中无怨无悔地传承着人类的文明，殚精竭虑地培育着中华民族的未来。

班主任就是一部书。这部书集古今文明的瑰宝于一册，聚世界科学发明创造的结晶于一身。读罢这部书，可以思接千载，视通万里，雏鹰羽翼渐丰，骏马四蹄生风。班主任是部高雅的书，没有猥琐，没有卑劣，更没有铜臭味和名利场的喧嚣声。她让人成为仁义之士、伟岸丈夫、坦荡君子，玉洁而冰清。她教人爱国爱民，"先天下之忧而忧，后天下之乐而乐"；她教人"老吾老以及人之老，幼吾幼以及人之幼"，推己及人；她教人"穷则独善其身，达则兼济天下"，"位卑未敢忘忧国"，以天下为己任。怎样见义勇为、助人为乐，怎样孝敬父母、修身养性，怎样敬业重道、惜时如金，她一清二楚，如数家珍。读完她，在经济上也许还是清贫，而在精神上你绝对是富翁。班主任这部书充满凛然正气，动天地而泣鬼神。这里有盗火给人间而被锁在高加索山崖上的普罗米修斯，有掏出心脏做火把将迷路的众人引出密林的丹柯，有"留取丹心照汗青"的文天祥，肝胆照日月的岳飞的满腔赤诚；这里有朱自清宁肯饿死也不吃美国救济粮的铮铮铁骨，有闻一多先生拍案而起的万钧雷霆；有不为金钱所动毅然回归祖国的钱学森的一身正气，也有那为莘莘学子鞠躬尽瘁、为人师表的两袖清风。这部书光照日月，赤心可鉴，容不得奴颜媚骨、恃强凌弱、狗苟蝇营。班主任这部书有哲学家的睿智，有艺术家的灵感，有科学家的聪明。她素淡优雅，魅力无穷，让人心醉神迷，令人赏心悦目，教育代代青年去挥写辉煌灿烂的人生。

  目前，全国中小学约有435万个教学班，约有440万名教师担任着班主任工作，影响着近2亿的中小学生。班主任任重而道远，《教育部关于进一步加强中小学班主任工作的意见》中明确指出："中小学班主任是中小学教师队伍的重要组成部分，是班级工作的组织者、班集体建设的指导者、中小学生健康成长的引领者，是中小学思想道德教育的骨干，是沟通家长和社区的桥梁，是实施素质教育的重要力量。中小学班主任工作是学校教育中极其重要的育人工作，既是一门科学、也是一门艺术。在普遍要求全体教师都要努力承担育人工作的情况下，班主任的责任更重，要求更高。做班主任和授课一样都是中小学的主业，班主任队伍建设与任课教师队伍建设同等重要。加强中小学班主任工作，对于贯彻党的教育方针，全面推进素质教育，把加强和改进未成年人思想道德建设的各项任务落在实处，具有十分重要的意义。"这个重要文件还指出："中小学班主任工作面临许多新问题、新挑战。经济社会的深刻变化、教育改革的不断深化、中小学生成长的新情况新特点，对中小学班主任工作提出了更高的要求……必须树立正确的教育理念，遵循中小学生身心发展的规律，运用科学的教育方法，善于利用各种教育资源。"

  我们注意到这样一种情况，班主任工作是学校教育工作中非常受关注的一个部分，然而这份光荣的任务却常令许多班主任教师，尤其是初涉这一工作的教师备感沉重的压力并为之头疼。近年来，随着教育部对班主任队伍建设的大力推进，我国中小学班主任的整体素质有了较大的提高。但是，在中小学教育领域，学生层出不穷的新问题、班主任工作内容的不断增加、学校和家长对班主任要求的不断提高、班主任教师还要承担一定的教学任务等现实情况，致使许多班主任教师对班主任工作疲于应付，产生了职业倦怠。这是不容忽视的。

  为此，我们组织撰写了"班主任工作助手丛书"，它包括：《把班级还给学生——班集体建设与管理的创新艺术》《班主任工作的 55 个"鬼点子"》《德育智慧源何处——心灵感悟德育经典案例》《魅力班会是怎样炼成的》《与学生家长"过招"——班主任的家长工作艺术和技巧》和《遭遇问题学生——问题学生的教育与转化技巧》。我们希望帮助班主任进一步提升教育理念，掌握实用的工作方法和技能，克服职业倦怠，减轻心理负担，在育人过程中增强知识性、科学性、娱乐性、趣味性，不断增强工作的针对性和实效性。

这套丛书侧重于通过案例的剖析来阐述班主任的工作方法与策略，体现德育思想与理念，突出实践指导性和可操作性。语言力求生动、通俗，可读性强。我们追求的目标是以质量为生命点，以新颖为吸引点，以实用为出发点，以开发新思维为落脚点。我们在撰写之际，注意给读者介绍实用的方法与技巧，更注重于德育思想与理念上的感悟。我们认为方法与技巧是技术层面上的，而德育思想与理念是根本性的，它是基石，可以源源不断地产生新的方法与技巧。而在注重德育思想与理念方面，我们也力求避免空泛，以生动的经典的案例为依托。

作为主编，我想再说明两点：

第一，这部丛书的作者大部分是活跃在班主任工作一线的优秀班主任，其中几位还是研究班主任工作的青年专家，他们都有深厚的科研功底，较高的写作水平，精湛的教育艺术，已经取得了骄人的成绩，在全国有广泛的影响。如，万玮，是上海市"德育工作先进个人"，2006 年上海教育年度十大人物之一；其代表作《班主任兵法》已经再版十多次，发行十几万册；他是全国著名实战派班主任，被誉为"班主任中的军事家"。又如，郑学志，是《班主任工作招招鲜》《班主任工作新视角》《爱的建议》《呵护心灵》等 23 部教育教学畅销书的作者；其教学教研成果获湖南省第六届基础教育教研成果一等奖；湖南卫视、《中国图书商报》《教师报》《教师博览》《班主任之友》等十余家新闻媒体报道过他的教育事迹。再如，郑立平，是山东省十大创新班主任、齐鲁名师、国家级骨干班主任、山东省班主任培训工作专家组成员、全国基础教育科研先进个人、教育部骨干班主任远程培训辅导员；

有多项科研课题获国家、省市奖励；其事迹在《中国教育报》《现代教育导报》等多家报刊有专版介绍；现已发表文章近百篇，出版专著两部。

第二，感谢中国轻工业出版社"万千教育"编辑部的大力支持。"万千教育"是专业的教育图书策划出版机构，在教育出版界颇有影响。"万千教育"创立品牌十余年来一直致力于为教师教育等领域提供优秀的图书，目前已成功策划出版图书500余种，受到了广大中小幼教师、高校师生和教育专家学者等的广泛好评。"班主任工作助手丛书"能够在这里出版，也是我们的荣幸。这也是我们精心写作的动力之一。为了把这套丛书打造成精品，"万千教育"编辑部主任吴红和他的同事们付出了很多心血和精力，奉献了很多的智慧。

班主任的三尺讲台、三尺办公桌，培养出多少叱咤风云的英才，演绎出多少催人泪下的育人诗篇；班主任从来不拘泥于三尺讲台、三尺办公桌，而是思通千载视通万里，心存天下事、胸怀大千宇宙。班主任特别有学问、特别有爱心、特别有修养、特别有心计、特别爱读书、特别爱思考、特别爱研究、特别敢创新。这套丛书不会也不可能解决所有的问题，如果能使读者举一反三、触类旁通，激起读者的思考，激发读者的创造，激励读者走上展示才华、提升水平的舞台，走上班主任专业成长的快车道，这是我们希望达到的境界。

现今，广大班主任立志做学者型的班主任、专家型的班主任。愿这套丛书助班主任专业成长一臂之力，希望这套丛书确确实实成为班主任的工作助手。

张万祥
2009年8月于天津

前言

问题学生存在吗?

美国佛罗里达大学教授默瑟1968年在一所学校举办的会议上搞了一个小试验。他向台下70多名由家长、教师和教育官员组成的成人听众问了一个关于将一只鸡、一只狐狸和一袋鸡饲料运到湖对岸去的问题。这类问题本来不复杂,一定会有人经过简单的思考得出正确答案,但是默瑟教授把问题修改了一下,使它成了一个无解的题目。默瑟教授对听众说,这个测试比较简单,大多数人1分钟之内就能答出来。1分钟之后,没有人做出来。默瑟教授又增加了1分钟,结果那些听众更加沮丧。默瑟描绘当时台下的场景:许多人喃喃自语,坐立不安,甚至偷看其他人的答案。有人说脏话,有人将铅笔折断,还有人干脆将纸揉成一团扔掉。

默瑟公布了问题的答案——这是一个无解的题,而让与会者震撼的一个事实是:那些看起来彬彬有礼的成年人在两分钟的时间内竟然表现出和问题学生一样的焦虑。默瑟宣布结论:无论学生还是成年人,当被给予不恰当的任务时,他们都会表现出攻击性行为或选择逃避。

因此,编写这样一本有关问题学生的图书,其实是想告诉教师和家长,问题学生不是破坏者,而是受害者。当我们面临和他们一样的困境时,我们的表现绝不会好,也许更糟糕,而真正的破坏者是谁?答案不言自明。

问题学生的确存在,而且为数不少。然而,即使是那些在行为、学习和身体方面存在障碍的特殊学生,教育专家也并不主张对他们进行差别教育。美国科学院20世纪80年代的一份报告指出,对特殊学生进行特殊教育的效果并不好,事实上,对特殊学生很难进行分类,有些分类的方法本身就存在严重问题。于是，与差别教育相对立的全纳教育应运而生。研究表明，与差别教育相比，接受全纳教育的学生无论在学业成绩还是社会交往方面都有更好的效果。

在这样的背景之下，帮助问题学生重返正确轨道的人只能依靠他们原来生存环境中的教师、家长以及同伴。指望把这些学生集中或者隔离起来进行治疗的想法既不现实，也不正确。我们的教育也应该对问题学生多一些理解与宽容，让他们在平和、熟悉的环境中进行反思和自我调整。

当然，这一过程离不开教育者的正确认识和大力协助。要记住，我们要真正改变的不是问题学生本身，恰恰是出了问题的教育环境。人是最大的教育环境，教育者自身则是教育环境之首。换句话说，如果出了问题学生，真正要反思和改变的是教育者自己。

把眼界放得更开阔一些，其实每一个人都曾是特殊学生，每一个人都有各种各样的行为、心理或者身体问题。即使是那些外表光鲜、光彩夺目的明星人物，也有自己苦恼的秘密。在这个世界上，每一个人都是特殊的，既然如此，也就不存在特殊的人，也就没有问题学生。当我们用这样一种高远、淡定的目光去看待那些迷失的少年时，我们的心就会平静许多，我们的教育也可能更有效。

本书前两章讲述问题学生的诊断及教育方法。第三章至第六章，分别从学习问题、行为问题、心理问题、特殊问题四个方面对问题学生进行分类探讨。每一种问题下面设有典型案例、问题表现及原因分析、专家建议。第七章进一步思考成为教育问题学生高手的途径。

在本书的编写过程中，天津的德育特级教师张万祥老师和中国轻工业出版社万千教育编辑部的吴红主任给予了很多的指导和帮助，上海的班主任工作研究专家杨峥嵘老师帮助我撰写了第一章的第二、三、四小节，在此一并表示感谢。本书对问题学生初步进行了分类，如前所述，这种分类并不一定十分科学，但是为了讨论的方便，更为了读者对这些问题现象产生的原因有一个相对全面的认识，我们也只能勉强为之，希望读者能够做出自己的思考和判断。在编写过程中，本书也借鉴、融合了一些网友的案例与观点，由于时间仓促和联系方式的原因，未能一一与原作者沟通，期望相关读者能及时与编者联系，以示谢意。

由于编者水平和时间精力所限，本书一定存在许多疏漏和不当之处，恳请读者批评指正。

万玮

2009年8月

目　录

第一章　什么是问题学生 1

在教师生涯中，我们常常会遇到各种各样的学生。许多学生带给我们快乐，也总有一些学生会带给我们困扰。那就让我们静静地思考一下吧，他们都是些什么样的学生……

一、学生的十种类型 1
　　1. 乖巧的学生 2
　　2. 叛逆的学生 3
　　3. 孤僻的学生 3
　　4. 招摇的学生 4
　　5. 霸道的学生 5
　　6. 懦弱的学生 5
　　7. 怪异的学生 6
　　8. 暴躁的学生 7
　　9. 隐形的学生 8
　　10. 偏执的学生 9

二、问题学生的教育诊断 9
　　1. 问题表现 10
　　2. 社会原因 12
　　3. 家庭教育缺失 13
　　4. 学校教育反思 14

三、问题学生的教育内容 15
    1. 让问题学生具有集体归属感 15
    2. 转变问题学生的荣辱观 16
    3. 改变问题学生的生存条件和教育环境 16
    4. 提高问题学生的心理相容性 17

四、教育问题学生的教师素养 17
    1. 转变一个问题学生和培养一个优秀学生同等重要 17
    2. 爱和尊重是转变问题学生的教育前提 18
    3. 重视问题学生教育中良好教育环境的创设 18
    4. 掌握适应问题学生转变复杂性、反复性的教育策略 19

第二章　教育与转化问题学生的思路 21

> "孩子，不是你不能学好，而是我还没有找到教好你的方法。"这句话出自美国特殊教育学校一位教师之口，而我，却把它作为教育工作的信条……

一、为什么问题学生让我们头疼 21
    1. 问题学生让人"发疯" 21
    2. 当局者迷，旁观者清 23
    3. 要坚信方法一定存在 24

二、关键是理解问题学生 27
    1. 我们自己制造了问题学生 28
    2. 我们不理解问题学生的表达方式 29
    3. 发掘学生问题背后的深层次原因 30

三、致力于改变自己的言行 33
    1. 调整想法 33
    2. 停止抱怨与敌对 37
    3. 做出必要的让步 38
    4. 创造理想的教师形象 40

四、创设改变问题学生的情境 ... 42
1. 分析原因 ... 42
2. 建立良好的师生关系 ... 43
3. 运用情感的武器 ... 44
4. 把握时机 ... 46

五、向家长与同事寻求帮助 ... 47
1. 解铃还须系铃人 ... 47
2. 家校配合 ... 49
3. 第三方调停 ... 49

六、预防问题的发生 ... 51
1. 关注与了解学生 ... 51
2. 及时调整自己的行为 ... 53
3. 注重反馈与沟通 ... 54

第三章 学习问题 ... 57

无论学生还是成年人，当被给予不恰当的任务时，他们通常都会表现出攻击性行为或者选择逃避。这是学生学习问题产生的根源……

一、学习动力不足 ... 57
1. 典型案例 ... 57
2. 问题表现及原因分析 ... 58
3. 专家建议 ... 61

二、学习适应不良 ... 65
1. 典型案例 ... 65
2. 问题表现及原因分析 ... 66
3. 专家建议 ... 69

三、马虎 ... 72
1. 典型案例 ... 72

2. 问题表现及原因分析 72
  3. 专家建议 75
 四、拖延症 77
  1. 典型案例 77
  2. 问题表现及原因分析 78
  3. 专家建议 81
 五、分心 83
  1. 典型案例 83
  2. 问题表现及原因分析 84
  3. 专家建议 86

第四章　行为问题 91

从某种程度上来说，学生的行为都有缘有故，因而也是可以预测的，而那些已经发生的行为问题更是有迹可循。如果我们掌握塑造学生行为的方法，我们对学生的期望就可能变成现实……

 一、偷窃 91
  1. 典型案例 91
  2. 问题表现及原因分析 92
  3. 专家建议 95
 二、说谎 97
  1. 典型案例 97
  2. 问题表现及原因分析 98
  3. 专家建议 100
 三、攻击性行为 103
  1. 典型案例 103
  2. 问题表现及原因分析 103
  3. 专家建议 106

四、网络成瘾 108
    1. 典型案例 108
    2. 问题表现及原因分析 109
    3. 专家建议 111

五、缺乏责任心 113
    1. 典型案例 113
    2. 问题表现及原因分析 114
    3. 专家建议 117

第五章　心理问题 121

"角落中的孩子"独处一隅，冷眼旁观这个世界，眼中没有希望，身边没有关怀。其实，我们每个人都可能是"角落里的孩子"……

一、暴躁 121
    1. 典型案例 121
    2. 问题表现及原因分析 122
    3. 专家建议 124

二、人际关系障碍 129
    1. 典型案例 129
    2. 问题表现及原因分析 129
    3. 专家建议 131

三、离家出走 135
    1. 典型案例 135
    2. 问题表现及原因分析 135
    3. 专家建议 139

四、早恋 142
    1. 典型案例 142
    2. 问题表现及原因分析 143

    3. 专家建议 147
  五、考试焦虑 149
    1. 典型案例 149
    2. 问题表现及原因分析 150
    3. 专家建议 153

第六章 特殊问题 157

  特殊学生很多，然而当我们把他们看作是有着特殊需要的学生时，我们就会发现，他们跟其他人没有什么不同。因为，每个人似乎都有一些特殊的需要……

  一、单亲家庭 157
    1. 典型案例 157
    2. 问题表现及原因分析 158
    3. 专家建议 162
  二、抑郁症 166
    1. 典型案例 166
    2. 问题表现及原因分析 167
    3. 专家建议 170
  三、身体缺陷 174
    1. 典型案例 174
    2. 问题表现及原因分析 174
    3. 专家建议 178

第七章 如何成为教育问题学生的高手 181

  一位优秀的教育者必须疯狂地热爱他的工作，且必须冷静理性地思考问题。同时，他需要坚持，更需要一些聪明的创造。因此，如果让我来给出优秀教育者三个品质，我的答案将会是：激情、理智、智慧……

一、转变教育观 181
1. 问题学生的根源在哪里 181
2. 把学生看作自己的孩子 182
3. 把问题孩子当成"试金石" 183

二、在反思中成长 185
1. 坚持写教育日记 185
2. 从挫败中吸取教训 186

三、修炼人生境界 187
1. 养成阅读的习惯 188
2. 提升教育境界 189
3. 积累教育智慧 191

附　录　主要参考文献 193

第 一 章

什么是问题学生

在教师生涯中,我们常常会遇到各种各样的学生。许多学生带给我们快乐,也总有一些学生带给我们困扰。教师喜欢好学生,然而对于问题学生却头疼不已。事实上,问题学生比好学生更需要教师的关注和爱。学生的问题并不是与生俱来的,而是受到家庭、社会、学校等多方面不利影响而形成的。本章将要探讨的是:什么是问题学生?问题学生产生的原因是什么?问题学生需要哪些方面的教育?教师应具备哪些相应的素养?

一、学生的十种类型

作为教师,我们会面对各种各样的学生。每一所学校每一年都会送走一些学生,又迎来一批新的学生。正如世界上没有两片相同的树叶一样,世界上也没有两个完全相同的人。但是,接触的学生多了,总会发现学生的一些共同点。有的时候,面对一个问题学生,我们会联想到若干年前,曾经遇到过一个和他非常类似的学生。

从学生的角度,他们常常会将教师分类,比如和善的教师、严格的教师、酷的教师、帅的教师、"凶狠"的教师、聪明的教师、软弱的教师、虚伪的教师、强悍的教师等。这种分类不一定科学,但对学生来说,却很有用。教师的特点决定了他们对待教师的态度。学生的生存能力是永远不可低估的，这种生存能力无所谓好坏，只是一些必要的技巧和智慧。同样，在研究学生问题时，把学生也适当地分一分类，对于教师更好地解决学生问题也必定有所帮助。

1. 乖巧的学生

小娜是个很乖的孩子，从小到大都很听老师的话。她上课从来不迟到，作业从来不迟交，老师布置的任务总是不折不扣地完成。有一天，老师说让回家收集一点雨水，第二天上课用。说实话，这个任务有点过分。有些孩子就装了点池塘里的水来交差，小娜却一直等到半夜，老天有眼，终于让她等到了天上的雨水。小娜的家庭条件其实不错，爸爸妈妈爷爷奶奶都很宠她，在家里很少让她做家务。小娜在学校里主动申请成为卫生委员，有值日生忘了值日，她就留下来把地扫得干干净净才回家。老师表扬她，她就很高兴；老师没有表扬她，她也照样任劳任怨完成任务。小娜的成绩在班级属中等偏上，从来不给老师惹事，老师们都说她是一个乖巧的孩子。

小娜是一个典型的好学生。几乎所有的老师都喜欢乖巧的学生。好学生守纪律，热爱学习，尊重教师，很少违反学校的规章制度。他们有时候也会受他人影响，犯点小错误，但内心终究会懊悔。好学生通常有明确的目标，不会给教师惹麻烦，愿意帮助教师做一些力所能及的事。当教师被班级里的问题学生弄得焦头烂额的时候，他们内心里会同情教师。

对于老师来说，乖巧的学生是好学生。每一名学生都曾经是"好学生"。在最初的读书阶段，他们都对自己的未来有美好的憧憬。当教师新接一个班级时，他们看到的常常是期盼与专注的目光，只是有些学生的期盼与专注会长久保持，另一些则逐渐变得不同。好的老师能够让更多的学生成为好学生，而不好的老师甚至会让好学生变成问题学生。

乖巧的学生有没有问题？这要看从什么角度去看。例如，小娜在家里就从来不扫地。有一天，母亲问她，为什么在学校里那么主动自觉地做值日，在家里却躺在沙发上看电视？小娜回答说，那是为了讨好老师，老师喜欢听话的学生。

2. 叛逆的学生

最近,四班有一名学生表现十分反常,搞得班主任以及所有科任老师都头疼不已。

语文课上,老师正在讲《黔之驴》,他突然开始学驴叫,惹得其他一些调皮的小男生也跟着学起来,语文老师气得发抖,他却无所谓。

政治课上,老师说"要尊重教师",他却说"教师是靠学生养活的",老师气得说不出话来,问他这话是听谁说的,他却说事情本来就是这样。

美术课上,他拿毛笔在前面学生的T恤后面画画,老师制止他,他竟然在自己身上写上"我鄙视你"几个字,然后站在老师面前……

班主任无数次找他谈话,一开始和颜悦色,但是毫无效果;后来语气严厉,他却当面和班主任顶撞。班主任只能请家长配合,家长在家里教训了他一顿后,他竟然离家出走。

每一位教师都遭遇过叛逆的学生。从懵懂的儿童成长为自尊自信敢于承担责任的成年人,每一个人都会走过一段叛逆的时期。一位父亲这样告诫他的儿子:好好读书,别像你爸一样,当年跟老师对着干,耽误了自己的成绩。但是,他应该知道,他的儿子注定有一天也会对他逆反,为此,他必须做好准备。

不同的人叛逆期的表现不一样,有些人直接通过言语和行动表现出来,有些人外表柔和,内心倔强。在学生逆反的高峰期,教师和家长需要避其锋芒,因为,孩子的倔强,常常带有一种同归于尽的心态,容易形成两败俱伤的结果。最有效的办法是,只需安静地等待,孩子自然会越过叛逆的洪流,进入安静的港湾。

3. 孤僻的学生

小美自从到学校读书起,就不喜欢说话。课堂上,她从来不举手。老师为了鼓励她,有时候会故意问一个最简单的问题,然后请她起来回答。

小美会站在那里一分钟，任老师百般提醒，一个字也不说。老师只能叹口气，请她坐下。时间长了，老师也就不再叫她。

小美没有什么朋友。先前还有一个女同学课间和她在一起，后来不知道发生了什么，小美就彻底成了一个人。老师问她原因，她也不说。对于这样一种状况，小美看上去一点也不着急。她似乎陷入自己的世界里，对其他人不关心，对班级的事情也很少参与。

孤僻的学生通常都有孤僻的基因，他生来孤僻，不愿与人交流。生性外向的人会选择外向的人做朋友，因此使自己变得更外向；生性孤僻的人则倾向于选择孤僻的人做朋友，却很少成功，因此越发变得孤僻。

孤僻的学生内心也渴望关注与友情，但通常都很敏感。教师要通过一些无声的方式与其交流。比如，教师可以给他们写信，在他们的作业本上写一段留言，或者通过一些细微的动作来表示自己的肯定与赞赏。这些细微的动作粗犷的学生不一定会注意到，孤僻的学生却常常会铭记于心。

4. 招摇的学生

每一所学校都会有一些惹人注意的学生，小丽就属于其中的一员。虽然学校有统一的校服，但是小丽还是有办法让自己与众不同。小丽的发型初看没什么，但是仔细看时，却可分辨出绝不是出自普通的理发店，属于上百元的精剪。和女同学站在一起，她的裙子明显比其他人的裙子短。此外，她的眼神绝对是会说话的那种，看别人一眼似乎包含了许多含义。

小丽的成绩不错，面容姣好，但是受到学校里许多人的注意，主要还是因为她的"招摇过市"。她特别喜欢和别的女生一起到别的班级甚至别的年级去串门。很快就有男生给她写情书，据说她连看都没看就撕了。在学生中，她的故事很多，广为流传……

招摇的学生常常会成为大家注目的焦点，学生关注，教师也关注。招摇的学生通常会有很强的优越感，他们或者外表亮丽，或者有一技之长，或者家境富有，或者比较早熟。他们不惧怕把自己暴露在聚光灯下，相反，会以成为大家关注的中心而感到自豪。

爱表现自己不是弱点，而是优点。但是，如果缺乏内涵和必要的自知之明，硬要"招摇过市"，就会被人非议。教师要关心和帮助招摇的学生，给他们提出有益的意见和建议，必要的时候，还可以创设适当的舞台，让他们用健康合理的方式展示自己。通常，盲目地打压会招致怨恨，结果适得其反。

5. 霸道的学生

要春游了，李强对王刚说，这次我们跟张顺一组，你跟张顺说一声，让他多带点钱。去春游时，李强和王刚果然跟张顺在一起，每一次消费，不管是买吃的还是门票，都是张顺掏钱。等到把张顺的钱花光，两人就抛开张顺另找他人了。

李强是班级男生中的大哥大，仗着自己年龄大两岁，个头高，力量大，常常欺负其他人。当然，李强很少自己出手，他的手下有几个很铁的小兄弟，遇事只要让他们出面就可以了。这样即使有什么事情，他也不会受到处罚。

霸道的学生通常属于那种身体发育比较好的男生，身高体壮，在瘦弱的男生面前，想没有强壮的感觉都难。但是，并非所有强壮的学生都霸道，有时外表看起来很弱小的学生也很霸道。甚至有些女生，初看毫不起眼，却是巾帼不让须眉，霸道起来，男生都退避三舍。

有些孩子童年期缺少关爱，有些孩子在童年期被宠坏，这些幼年时教育的缺失都会形成孩子自我中心的意识。有一些孩子的霸道属于天生的霸气，人不可无霸气，但是对霸气不加控制，就成了霸道。霸道的孩子也有弱点，在他们霸道行为的背后，通常都有自卑。教师可加以利用，对其加以约束。要跟他们讲规则意识，要让他们学会换位思考，必要时可让他们体验弱者的感觉，这样，他们的霸道会有所收敛。

6. 懦弱的学生

张顺的母亲终于忍不住去找班主任老师，"控诉"张顺一直被人欺负的事实。

张顺的母亲说，并非自己小气，但是很多事情都发生在张顺身上，她就忍无可忍了。

一次，张顺新买了一盒彩色画笔，上美术课时，后面的同学没带，就跟老师说，老师正好看见张顺往外拿笔，就让张顺借给他。下课之后，后面的同学没有还画笔。一连过了几天，他就当这事没发生过一样。张顺去问他，他竟然说，不就几支笔吗，有什么大不了的？张顺再也没敢提这事。

还有一次，几个学生在教室里打闹，把玻璃弄坏了，老师知道了，他们竟然把过错推到张顺头上，胆小的张顺就这样稀里糊涂地被老师批评了一顿，并且拿出钱来赔偿……

这次春游发生的事，终于让张顺的母亲冲到学校，向班主任控诉。班主任答应帮张顺讨回公道，但是也好意地提醒她，张顺总是被别人欺负，也应该反思一下，自己有没有问题。

懦弱的学生通常都会成为霸道学生的猎物。面对不合理的要求，甚至是欺凌，他们选择逆来顺受，这使得欺凌者更加有恃无恐。所以，一个孩子如果经常被他人欺负，家长首先要检讨一下，自家的孩子是不是太懦弱。如果遇事总是需要通过家长和老师出面，他一定会更加失去同伴的尊重。

懦弱可以反映在外表，但是内心必须坚强。这是我们要告诫懦弱学生的信条。对懦弱学生最好的支持不是帮助他们出头，而是要帮助他们设立原则和底线，每一个人都有不可违背的原则和不可触摸的底线，否则退无可退，终究有一天，自己会跌落万丈悬崖。要教会他们挺直腰杆，坚强做人，以自己的表现赢得他人的尊重。

7. 怪异的学生

公开课上到精彩的地方，老师问了一个很难的问题，大家都陷入沉思。一只手坚定地举起来，老师只当作没看见，这只手便执着地举着，手后面的脸毫无表情。老师看见实在无人举手，抱着侥幸心理，叫那个学生起来。起来之后，那个学生认真地说：老师，可以上厕所吗？大家哄笑起来，老师懊恼不已，这孩子却一脸严肃。

又一次公开课，教师特别问了一个简单的问题：第一支铅笔8厘米长，第二支铅笔8厘米长，哪支铅笔长？这个问题是为小A量身定做的，小A几乎从来没有回答对过问题，老师想给他一点成功的体验。许多小朋友的手举了起来，小A稍一犹豫，也举起了手。老师满怀期望地向他抬抬手，小A站起来大声说，第二支铅笔长！

期中语文考试正在进行，监考老师李老师惊奇地发现，坐在第一排的小B竟然睡着了。李老师连忙摇醒小B，小B却说，我每天中午都要午睡的，不然就做不了任何事，说完趴下来继续睡。李老师目瞪口呆地看着小B睡了15分钟。结果，小B的作文没来得及写……

这个世界充满了怪异，怪异的学生不占多数，但是在每个班级都能找到。他们常常不按常理出牌，不走寻常路。在同学当中，他们往往显得另类，但是，这并不代表他们不会受欢迎。

一部分怪异的学生很有幽默细胞，有的时候你甚至会想，好好培养，他们会成为卓别林那样的喜剧大师。有些怪异的学生则显得孤僻，他们总是有一些与众不同的想法，就我的观察而言，大部分怪异的学生都很聪明。想一想也应该知道，能够从寻常世界中找到与众不同的角度表现自己，一定不是普通的角色。

对怪异的学生我们要保持足够的宽容。怪异是需要勇气的，他们常常会遭遇非议甚至耻笑，但他们有自己的逻辑与生活准则。教师需要做的是帮助他们达成一种平衡。罗素说，参差多态乃是幸福之本源。因此，遇到一个怪异的学生，我们应当像保护珍稀动物一样保护他。

8. 暴躁的学生

小奇是一个特别好斗的孩子，他总是很容易与其他同学发生矛盾。每次好不容易把他和别人拉开，他都是一副气呼呼的样子。我跟他说道理，只要这件事情对方有1%的不好，他都会振振有词，为他的"正义"行为辩护到底。

小奇三天两头打架，两分钟前他还和两个同学在操场上玩得很开心，不知什么话惹恼了他，他直接就把同学推倒在地。有一次，我实在忍不住发火了，把他叫到办公室让他站着反省。我看见他的眼睛竟然在喷火，火越来越盛，我看情况不妙，只好让他先回去冷静冷静。

有一种广为流传的说法是，人的气质分为四种类型，胆汁质无疑是最暴躁的那种。因此，暴躁也是一种天性。

有些孩子的暴躁有生理方面的因素，他们的体内缺乏某种微量物质，导致性格方面的缺陷。暴躁来得快去得也快，冷静下来，孩子常常会对自己的暴躁表示后悔。

如果把暴躁看作一种病的话，我们就会以同情的眼光看待学生。要知道，暴躁不是孩子的错误，他也不想这样。要帮助孩子找到控制自己情绪的一些办法。行为主义心理学家发明了很多治疗方法帮助暴躁的孩子克制自己。

从另一种角度来说，暴躁的人常常有更多的机会成就伟业，因为他从小就不得不跟自己做斗争。如果哪一天他真正战胜了自己，还有什么困难不能克服？

9. 隐形的学生

每个班级里总有那么几个学生，令我们终生难忘。一看见记分单上的名字就会想起那张脸，进而想起有关他的很多事情。同样，也总是有同样多的学生，直到毕业那天，老师竟然想不起来这个学生做过什么事情。

每个班级总是有一些安静的学生，他们有可能是好学生，也有可能很孤僻，他们非常善于失踪。如果你点名发现少了两个学生，而不看名册根本想不起来缺的是谁，那多半是隐形的学生。

隐形的学生是真正的弱者。他们不受关注，不受重视，他们通常生活在教师的阳光播撒不到的角落。这是真正值得我们教育者警醒的一类学生。他们既没有出类拔萃者的天赋，又缺乏犯错误的勇气。他们往往缺乏自信，不可避免地变得消极被动。

建立一种和每一名学生保持沟通的机制，可以有效避免教师的精力被有限的几个学生牵制而忽视那些隐形的学生。对于他们的安静，教师要回报以关爱而不是忽视，要鼓励和帮助他们成为好学生，而不是自我放弃。

10. 偏执的学生

英英是班级里成绩最好的几个学生之一。她的优秀成绩完全来自她的后天努力。每一次开家长会，她家里至少来三个人，外婆和母亲是必到的，并且每一次老师都会认识她家里一位新的家长。她的家长总是最后离开，她们要和每一位任课老师充分沟通，即使英英已经很优秀了，她们还是希望老师指出一点不足。

英英完全继承了她们家的风格，最初的时候，她不是班级第一名，于是她发奋努力，终于成为第一名，她还是照样努力。老师委婉地劝她注意劳逸结合，她回答说还没有考到100分。当她终于考到100分时，老师表扬她，她却毫无喜色地说，这次试卷太容易了，别的班级也有人考到100分。

精益求精本是一种美德，但是用在分数的追求上反而会成为瑕疵。为了追求成绩的完美，必然要牺牲自己的爱好和生活情趣，甚至对班级和集体的事物也会漠不关心，最终成为一个自私的人。

对英英和她的家人来说，她的努力是在追求完美，但是，对老师来说，这是一种偏执。假如教育者的教育目标发生偏差——以应试成绩作为评价的重要甚至是唯一标准，那么学生追求完美就会变成一场灾难。此时，我们宁愿这样追求完美的家长和学生越少越好，因为，他们越是"完美"，就越是处于病态。因为，这是一种偏执。

二、问题学生的教育诊断

每一个孩子都是向上的，都是可爱的。问题学生之所以表现出种种不和谐的因素，归根结底是由于家庭教育的缺失、社会的不良影响和学校教育的失当。对问题学生进行教育，第一步就是要弄清学生的问题在哪里，产生这些问题的原因是什么。这正是本节将要讨论的内容。

1. 问题表现

青少年正处在身心迅速发展又极具可塑性的阶段，是施教的最佳时期。紧紧把握住这个有利时期，培养他们良好的学习、生活和文明礼貌等习惯，不仅对他们现在的和谐发展起很大的促进作用，更会使他们终生受益。但是，在学校中，在家庭中，很多孩子身上存在着许多的不和谐因素。

（1）"自主意识"不健全。在具体的教育工作中，家长与老师在谈及学生的教育时，共同的体会是：现在学生个性太强，不听家长和老师的意见。表面上看，这似乎是自主意识增强了，其实不然，这是一种不健康的自主意识，当遇到需要自己决定或独立完成的事件时，他们便犹豫不决、畏首畏尾、徘徊不前，表现出对他人较强的依赖性，或无原则地服从他人的安排，完全处于一种被动状态。特别是在遇到困难和挫折时，他们的意志表现极其薄弱。

（2）自我价值观念不清。这首先体现在"以自我为中心"的观念上，具体表现为处处以个人的需要和兴趣为中心，只关心自己的利益，从来不考虑他人的利益和处境，完全从个人的角度，以自己的经验去认识和解决问题；其次表现在自视过高，总以为自己是"成大事者"，而不屑去做一些具体辛苦的工作，到头来小事不愿做，大事又做不成，待到一事无成时，又认为自己天生不是那块料儿，急转入自卑自贱的情绪状态中，摆出一副"破罐子破摔"的样子，甚至走上违法犯罪的歧途。

（3）情绪化倾向严重。他们的行为容易被不健康情绪所控制，表现出极强的不稳定性，在学习和做事上走向两个极端。受到一点儿刺激，或冲动，或低迷。冲动时，对人对事表现出一种极强的竞争意识，这种情况处理好了，会对学习有较大的促进作用，但这种情绪一旦得不到合理的引导和有效的控制，就会向消极的方面发展，甚至会在瞬间转化为对人和事的强烈的攻击，容易做出违纪甚至犯罪的事情。不过，他们的这种情绪又是短暂的、不持久的。在行为过程中，学生自己也会在短时间内转向平静甚至低迷，产生对自己过错的悔恨。学生的这种起伏不定的情绪，极容易导致教育工作的被动、滞后、迷失，甚至失败。

(4) 人际关系处理不当。和谐的人际关系既是良好的人格素质不可缺少的条件，又是完善人格素质、获得心理健康的重要途径。现阶段学生人际关系处理不当主要表现在以下两方面：第一，与长辈关系。在处理与家长、老师的关系时，缺少必要的尊重，并且带有明显的抵触情绪，存在极强的逆反心理，使交往困难，造成两代人之间难以沟通。第二，平行关系。在与同龄人的交往中，或以自我为中心不顾他人的利益与感受，喜欢把自己的意志强加于人，造成关系难处，最终导致孤傲不合群；或因负担过重，少有与人交往的机会，又渴望交往，从而造成在交往中无原则可言，无积极向上的目的，盲目追随，甚至滑入不良团体，最终导致学业和品德不良，或因家庭经济原因，自卑感重，在交往中不能平等处之，造成社交恐惧等。

(5) 盲目的崇拜、攀比心理较严重。中学生正处于人生观和价值观形成的时期，部分学生受个别家长或社会中不良环境的影响，在求学中迷失了方向：崇拜某些歌星、影星、球星，模仿他们的穿着、生活习惯，整天向父母要钱，忘却了自己父母的不容易，忘却了艰苦朴素的传统美德；存在扭曲的攀比心理，吃名食、穿名牌等成为显示自己的一种手段，认为狡辩是一种时尚，谁要是把老师说得哑口无言了，谁就是英雄，谁就受到崇拜。

(6) 没有良好的文明习惯意识。主要表现在：第一，不懂得尊重他人，自私自利的性格比较突出，以我为中心，我行我素；第二，劳动意识差，懒惰，好吃懒做；第三，虚伪、爱面子、怕别人瞧不起自己，常爱聚在一起吹牛皮；第四，学习习惯差，主要表现在上课或自习时走神、乱翻东西、梳头、照镜子、手头总是有点小东西，不然就坐不住。

每一个孩子都是向善的，都是可爱的，可是当学生问题层出不穷且常常让我们束手无策的时候，我们不禁要问：现在的孩子怎么了？为什么存在这么多的问题？不会是从娘胎里带出来的吧？冷静下来考虑这些问题存在的原因可以明确，孩子们这些人格缺陷的产生不是天生的，而是由后天环境的影响造成的。我们可以从目前的社会环境、家庭教育缺失和学校教育机制中找到这些问题产生的根源。

2. 社会原因

问题学生是指那些与同年龄段学生相比,由于受到家庭、社会、学校等方面不良因素的影响及自身存在有待改进的因素,从而导致在思想、认识、心理、行为、学习等方面偏离常态,需要在他人帮助下才能解决问题的学生。他们的问题主要表现在学习、行为、心理等方面。

当前的社会,无论物质生活还是精神生活,都较以前有了极大的提高。但是,社会在整体进步的同时,也产生了文明的副产品。一些对青少年身心健康发展不利的现象、观念也在影响着在校的学生。

(1) 不加限制和缺乏规范管理的网络的兴起。应该说,互联网不是影响学生身心健康的罪魁祸首,而承担责任的应该是社会管理职能部门、相对滞后的学校硬件建设和办学观念的更新。学生的健康发展,需要接触新鲜的事物。但是我们缺少提供这种良性接触的必要准备。

(2) 宣扬色情、凶杀、金钱、名利等内容的影视媒体作品,对在校学生的价值观和人生观产生着影响,有的时候甚至是巨大的影响。不容回避的是,一些不利于学生健康发展的生活观念,已经渗入校园,由此而引发的其他相关问题屡屡发生。

(3) 各种名目的办学实体的出现,各层次的学生都可以凭借一定数额的学费而成就自己的未来升学而不是求学之梦。在有的学校的招生标准中,分数已经不是十分重要,付得起学费才是唯一的。这些学校常常还附有各种美妙的就业前景说明,这样就更加吸引了一批家长和学生,他们把学习仅仅当成了一个获得毕业证书或文凭的途径。

(4) 敏感的舆论风气紧紧地束缚住教师的手脚,使大部分教师产生畏缩不前、不敢探索、求安稳、少创新的心理。现在,很多传统观念已经被打破,教师已经走下神坛,不再像以前那样受人尊敬和膜拜了,教师和学生之间也不再是古时候的"父子"关系。"严师出高徒"似乎也不适用了,许多教师因而采取不作为的态度,事不关己,高高挂起;事若关己,也是睁只眼闭只眼。

(5) 中国传统文化的熏陶使父母把所有的希望都寄托在孩子身上,太注重于上大学或出成果,并将其视为最终目标。在中国,要想在未来有所成就,找一份好工作,为社会所共识的就是要考上一所好大学,拿到一个高学历。家长"望子成龙""望女成凤",社会竞争激烈的残酷现实导致父母这种急功近利的心态,而这种心态又不自觉地传染到了孩子的身上,使得独生子女不得不一出生就面临着对学习成绩和大学的恐惧,背负着汲取知识、"只许成功,不许失败"的巨大压力,孩子们别无选择,只能为了中考、高考放下一切,成为没有个性、没有创造性、没有灵气的考试机器。

3. 家庭教育缺失

"一个问题学生的背后,往往有一个问题家庭。"由于家庭离婚率的不断攀升以及许多中小学生的家长外出经商、打工,导致不少学生缺少正常、健康的成长环境,如单亲教育、隔代抚养等,使得对这些学生的教育成为学校和社会的一大难题。大量的事实表明,缺少健康成长环境的特殊家庭学生越来越成为学校教育的难点。

(1) 集万千宠爱于一身。现在的学生,大多是独生子女,甚至有的是独生子女的独生子女,这样就成了4个祖辈、2个父母、溺爱着一个孩子。孩子成了全家所有希望的寄托,家长对他们悉心照料、关怀备至,真是"捧在手里怕摔了,含在嘴里怕化了",生怕孩子有一点闪失。无论在家里还是在学校里,孩子永远是对的。一旦孩子在学校里受了一丁点儿委屈,总会老少七人齐上阵,不弄得举校皆知不罢休。最终导致的结果是孩子成了学校的"宝贝",谁也不敢管,任其生长,自生自灭。

(2) 路边的小草儿人管。父母的工作非常忙,一个星期和孩子见不了几次面,孩子渐渐地养成了孤独、封闭、畏惧的性格弱点。有的家长甚至认为,教育孩子是学校和老师的事,家长既然出了钱,把孩子送到学校,那一切就都交给学校了,孩子的好坏也就都是学校和老师的事情了,自己也没有那个专业能力。

（3）破碎的家庭破碎的心。对子女的教育是父母双方的责任，其中任何一方的作用都是难以代替的，双亲都在身边会给孩子带来更高的安全感和情感满足，这是单亲家庭所不具备的。单亲家庭的孩子性格上出现缺陷一般表现为两种倾向：一种是自卑、嫉妒心强；一种是"破罐子破摔"的心理，这样的孩子性格往往暴躁，有的甚至表现得很残忍。还有些孩子性格具有双重人格，在家一挨训就唯唯诺诺，在外遇到弱小者就把在家受到的教育方式使用到别人身上，表现得暴躁凶狠。

4. 学校教育反思

现代教育的评价制度，使升学教育仍是中小学的主要教育目标，大搞应试教育，片面追求高考升学率以求提高学校档次。

（1）以分数论英雄是导致当代学生人格缺陷的重要原因之一。长期以来，受应试教育的影响，在残酷的升学压力之下，人人跟着分数这根指挥棒走。迫于压力，很多学校名为素质教育实际上还是在搞应试教育，甚至有过之而无不及，这给学生造成了相当大的精神压力，从而导致了学生的一系列心理问题。

"分分分，学生的命根"，部分学校为了追求升学率，对学生的考试成绩虎视眈眈，学校为了抓考试分数，几乎把所有的精力都放到了几门高考科目上，把这些科目的学习成绩作为衡量一名学生是否优秀的唯一标准，只要考得好就是老师眼中的"好学生"，家长眼中的"好孩子"，同学眼中的"上等生"。一旦成绩不好便什么也不是，甚至被称之为"无能""差生"。为了追求高分数，几乎所有的学生一年到头把所有的时间都集中在文化课的学习上。

（2）"奖优罚差、成绩排队、过度比较"是学生之间不和谐的重要原因。我国传统的教育观点认为，公布学生的学习成绩，一方面可激励学习差的学生向优秀的学生学习；另一方面对学习差的学生也是一种批评，或者说是让学习差的学生有挫折感，让其知耻而奋起。然而，教育心理学的研究表明，这种做法不能达到积极的效果，反而对学生的学习产生消极作用。这种对成绩的过度利用会给学生的心理带来莫大的压力，并使其产生无谓的紧张和焦虑。学校一次次对分数的强化和教师以分数评定学生好坏的方法会在学生的潜意识中留下深深的印记："考试决定一切，只要成绩好什么都好，成绩不好什么都白搭。"孩子会将分数的高低与自身价值的大小牢牢地结合在一起，这种观念对学生的影响会一直保持到高中毕业，有的甚至还将带到大学里。

三、问题学生的教育内容

对问题学生进行教育，首要的是和他们形成良好的心灵交流和沟通，引导并支持他们将荣辱观内化，正确评价自身的行为，从而形成良好的道德品质和健全的人格。此外，还应积极发现他们的闪光点，给他们提供一个可以归属的集体。

1. 让问题学生具有集体归属感

当问起学生班里哪些人最可怜的时候，得到的答案常常是那些问题学生。当问起原因的时候，学生会说，他们经常违反纪律，班主任不喜欢他们，同学们也不喜欢他们，在进行集体活动的时候，一般也不考虑他们，他们几乎被遗忘。从中我们不难看出，问题学生基本被排除在集体之外，也缺少一种对集体的认同感。使问题学生认识到他们也是集体的一分子，是促进问题学生转化的有效策略之一。

因此，我们必须让问题学生意识到自己属于这个班级，从而建立起"我们同属一个班"的"我们感"和"归属感"。班级成员在心理上发生共鸣，对成败荣辱有共同感受体验，他们才能产生相应的情感和相互情感依赖关系。没有一个学生不希望从班级中获得肯定、鼓励和支持，而学习困难的学生更渴望从学校、班级和同学中获得理解和支持，以摆脱困境。

2. 转变问题学生的荣辱观

2006年3月4日，胡锦涛总书记在看望政协委员时提出了著名的"八荣八耻"："以热爱祖国为荣，以危害祖国为耻；以服务人民为荣，以背离人民为耻；以崇尚科学为荣，以愚昧无知为耻；以辛勤劳动为荣，以好逸恶劳为耻；以团结互助为荣，以损人利己为耻；以诚实守信为荣，以见利忘义为耻；以遵纪守法为荣，以违法乱纪为耻；以艰苦奋斗为荣，以骄奢淫逸为耻。"让所有的学生都知道一个知荣辱的人，才有健全的人格；一个知荣辱的人，才有正确的人生观、价值观；一个知荣辱的人，才不会在人生的道路上迷失自我。学习虽然枯燥乏味，但我们依然要抱着"书山有路勤为径，学海无涯苦作舟"的态度。不经历风雨，怎能见彩虹；不辛勤耕耘，怎会有收获。

在学生管理上，我们常常犯的错误是：把学生犯错误看成是学生违反了学校的规章制度，而没有引导学生看到自己犯错误是违反了自己的愿望和要求。原因就在于，教师简单地以学校的规章制度和纪律来要求学生，不是从学生的自身需要出发来制定学生应该遵守的纪律；教师在落实纪律的过程中不是检查学生是否履行自己的诺言，是否对得住自己的承诺，而是很在乎学生是否听自己的话，遵循自己的要求，维护的仅仅是自己的面子；学生违反纪律后，教师用学校的纪律来制服学生，而不是用学生自身的良好愿望和要求来检查他自身的问题。遵守纪律和检查问题，本来都是学生自己的事情，而在我们教师的处理中，却误导成了学校与学生、教师与学生的尖锐矛盾。这就是班主任的错误了。

3. 改变问题学生的生存条件和教育环境

寻找闪光点，发现学生的亮点。善于捕捉问题学生的闪光点。教育实践告诉我们，问题学生并不是每个方面都差，他们总有潜在的某一方面的才能和好的品格，每当这种亮点闪烁时，也正是引导他们的最好时机。因此，教师要善于使用"放大镜"寻找问题学生身上的每一个哪怕是十分微小的闪光点。当他们有点滴进步时，教师着力给予表扬、鼓励，让其产生一点"成功感"。

4. 提高问题学生的心理相容性

中小学的问题学生在心理上主要表现在以下几个方面：学习不良，如学习障碍、学习焦虑等；人际交往问题，包括男女生交往问题及友情问题；自我认识问题，如体貌障碍（对自己的外貌过分关注或过于不满）、自卑等；亲子冲突问题，如沟通不良产生的冷战等；自我控制、自我管理能力问题。这些问题又常常会出现组合交叉、互为影响的复杂情况。

为了解决以上问题，教师应该掌握青少年心理发展的一般规律，避免盲目地遵循传统的单一教育模式，要加强与问题学生的心灵交流和沟通，了解他们真正的心理需要，引导他们、支持他们，使他们在成长中逐渐培养良好的道德品质和健全的人格，塑造清晰的自我。应鼓励和引导他们多参与和思考一些班内的集体活动，通过积极的引导，帮助学生形成健康的世界观和价值观，解除他们的心理困惑，避免不良信息的侵袭。指导他们学习和摸索一些与人交往、调控情绪的技巧与方法，掌握一定的生活自理能力和独立思考能力，培养学生坚强的意志，更好地应对挫折，适应社会生活。

四、教育问题学生的教师素养

爱、信任、宽容、理解、尊重、善待，这些都是教育问题学生时教师所必备的基本素养。教育问题学生不是一个急功近利的过程，而是一个循序渐进的过程，因此贵在持之以恒。教师应当用一颗爱学生的心，去理解、宽容、尊重问题学生，在良好的教育环境中引导学生不断进步。

1. 转变一个问题学生和培养一个优秀学生同等重要

每个学生都具有在某一方面或几方面的发展潜力，我们要坚信，只要为他们提供合适的教育，每个学生都能成才。我们要做的就是为具有不同智力潜能的学生提供适合他们发展的不同的教育，把他们培养成为社会需要的不同类型的人才。

教师要学会最大限度地理解、宽容、善待问题学生。问题学生不一定是坏学生，由于未成年的学生正处在身心发展阶段，是非观念尚未成熟，对一些问题有不正确的看法或错误的做法，这是难免的。班主任不能因为孩子犯错误就把他当作坏孩子。问题学生中的错误，大多是心理问题，而不是道德问题。孩子的行为动机往往是纯真的，也许是好奇心、表现欲所导致的行为过失，不能轻易或者盲目地定性为道德品质问题。学生犯了错误，他们迫切想得到的是理解和帮助，而绝不是粗暴的批评和惩罚。他们正是通过不断从错误中吸取教训而成长、成熟起来的，我们应该最大限度地去理解、宽容、善待他们。

2. 爱和尊重是转变问题学生的教育前提

教师要充满爱心和信任。要想了解和研究学生，首先就要热爱学生、信任学生，这也是教师应遵循的最基本的道德。从学生的心理需要来讲，爱和信任是他们最渴望得到的东西。学生渴望在充满爱心和信任的环境中成长。同时，教师应正确把握学生的心理活动特点，针对不同的心理表现开展工作，才能达到事半功倍之效，比如对于有自弃心理的学生要先找准其"内燃点"，激发其内在动机。

爱是一种信任，爱是一种尊重，爱是一种鞭策，爱是一种激情，爱更是一种能触及灵魂、动人心魄的教育过程，"问题学生"需要得到更多的关爱，要相信他们人人都能成才。

3. 重视问题学生教育中良好教育环境的创设

求真务实，强化常规管理，为问题学生转化创造良好班级舆论氛围。抓好问题学生转化工作有利于良好班风的形成，而良好的班风也会促进问题学生转化。因此，要强化班级常规管理，从仪表、自习、卫生打扫、午休、晚休、宿舍内务整理等方面抓细抓实，培养良好班风，为问题学生转化创造良好的班级舆论氛围。不要认为前天一个学生不穿校服无关紧要，昨天一个学生迟到无关紧要，今天午休有两个学生没按时回教室无关紧要，只要上课前回来就行。可能就是这些无关紧要，对良好班风的形成产生了不可忽视的消极影响。

有些教师课堂上不提问问题学生，日常琐事不理睬问题学生，这是极端错误的。对问题学生在学习、生活中主动要求做的事，教师要尽量满足他们，让他们成为成功者，享受一些成功者的喜悦。比如，对他们降低难度提问、让他们帮老师做些力所能及的事、让他们担任课代表等，这样就会使问题学生有自我表现的机会，从而增强他们在各方面都进步的愿望。

4. 掌握适应问题学生转变复杂性、反复性的教育策略

抓反复，促巩固。转化问题学生要持之以恒。问题学生身上的不良行为，不是一日养成的，同样，问题学生的转化工作也并非一朝一夕可以做好，应有长期的思想准备，要付出很大的精力。这是因为问题学生自制力差，容易反复。问题学生转化一般要经历醒悟、转变、反复、稳定四个阶段。在日常的学习生活中，问题学生出现反复是正常的，要允许他们反复，关键是他们出现反复的时候切忌操之过急、简单粗暴的批评。实践证明，欲速则不达，急于求成则适得其反。教师要有更大的耐心去帮助和鼓励他们，使其明白老师的苦口婆心是为了他们的健康成长，是真心实意为了帮助他们。凡事都要有个过程，要给问题学生一个再认识、再改正的机会，有针对性地采取恰当的教育方法，及时给予引导，使问题学生在认识过程中循序渐进地改正缺点。由此可见，对问题学生的转化首先要有信心，其次贵在持之以恒，然后还要注意策略。"反复抓，抓反复"，因势利导，使后进学生保持不断前进的势头。

转化问题学生是一项复杂的心理工程，但只要我们不断学习，并努力提升自己，凭借深厚的道德修养和高尚的人格魅力，对问题学生施以满腔的爱，在实践中不断探索问题学生的心理活动及特点，采取恰当的工作方法，定会在转化问题学生的这块田地里收获累累硕果。

第二章

教育与转化问题学生的思路

"孩子,不是你不能学好,而是我还没有找到教好你的方法。"这句话出自一位美国特殊教育学校的教师之口,而我,却把它作为教育工作的信条。

一、为什么问题学生让我们头疼

由于受社会不良风气的影响,问题学生有时会表现出让人难以容忍的行为。这时,教师应当站在旁观者的立场上,对自己将要采取的办法进行观察和客观的评价。教师只有在实践中不断积累合适的、有针对性的教育方法,才能使教育越来越有效。

1. 问题学生让人"发疯"

当我们回忆起那些不愉快的教学经历时,首先浮上我们心头的大概就是问题学生了。想想当年,我们整天被这些问题学生困扰,自己上课的时候要关注他们,别人上课的时候祈求他们不要捣乱,吃饭吃到一半被冲过来求救的学生叫走,下班后为了处理他们的事情在学校待到很晚,晚上睡觉时脑子里全是他们的影子……这些问题学生无法不让我们发疯。

春节前不久,成都市某小学两名六年级学生发生争执,抓扯中,学生小林被对方用刀刺中。事情发生后,学校老师立即将受伤的小林送到医院,终因小林左腹股沟区被刺伤,估计是股动脉被刺破,导致失血过多而死亡。事发后,行凶学生小涛不知去向。

学校事后调查,当天早上7点,小林骑自行车到校,同班同学小涛上前问他:"东西带来没有?"小林回答:"没有带。"两人因此发生抓扯,突然,小涛掏出一把刀刺向小林。他们争的东西,竟是一个小小的陀螺!

很快,当地派出所抓回了随父逃跑的小涛,但由于他未满14岁,处在法律规定的不负刑事责任的年龄,派出所要求学校把学生领回。一听说杀了人的学生要回学校,其他家长不干了。他们说,有这样的学生在,谁敢把娃娃送到学校?

来自中国青少年犯罪研究会的统计资料表明,近年内,青少年犯罪总数已经占到了全国刑事犯罪总数的70%以上,其中十五六岁的少年犯罪案件又占到了青少年犯罪案件总数的70%以上。

教育专家分析说,如今的青少年,普遍存在狭隘、自私、唯我独尊、好占上风的心理,而不良社会环境的熏染和错误的家庭教育方式,又助长了青少年的心理问题,甚至促使青少年走上违法犯罪的道路。

前不久,某中学一位班主任老师在全班40多名同学中进行调查:"如果有同学欺负你,你将怎么办?"半数以上的学生回答"打他"或"跟他拼了"。有的学生甚至振振有词地转述父母的意思:人在社会上要厉害些,绝不能受一点窝囊气。

这种与学校教育背道而驰的家庭教育,大概就是时下不少中小学生在被同学"欺负"以后,以牙还牙,甚至酿出恶性事件的一个注脚。

很多老师谈起现在的一些"问题学生"都一肚子苦水:如今的孩子,尤其是单亲家庭的孩子,很不好管,"问题学生"越来越多,我们不能骂,更不能打,只能"哄"。

(晋茜,2004)

当社会的不良风气严重影响校园时,教师的教育往往苍白无力。"读书苦，读书累，不如加入黑社会，有吃有穿有地位。"这竟然是一个初中学生的"人生信条"。该学生不仅信奉和宣扬，而且亲身实践。他喜欢抽烟，班主任好言相劝，他一切照旧。有一天，他公然在班里抽烟，班主任当着全班同学的面批评了他。他认为这事伤了他的"面子"，两度挥刀追杀班主任。闻讯赶到学校的家长，一听让把孩子带回家教育，立刻不干了："孩子有错误，学校可以教育，但你们无权不让孩子上课。孩子不听话，我们才送到学校来，让我领回家，哪有时间来跟他缠。"听到这话，教师几乎要"发疯"。

学校教育毕竟只是学生成长的一个环节，没有家庭教育的配合，学校教育孤掌难鸣。当前，教师在教育过程中最大的被动，在于缺乏对学生的约束力，尤其是对义务教育阶段的"问题学生"，很难有效地管教。

2. 当局者迷，旁观者清

我们之所以产生迷惑甚至"发疯"，最主要的原因在于我们是当局者。

要改变当局者迷的状态，可以有很多方式。比如，尽量多地掌握信息。对于教育者来说，和学生聊天是一种很好的途径，聊天的内容最好是和学生有关。和学生谈自己可能不是那么容易，看别人就理智全面多了。通常，通过与一名学生的几个好友的交谈，教师会大致了解一个学生的情况。另一种途径是观察。可以从细节中发现很多的信息。观察的时候要有好的心态。从思维的角度来说，小孩子的创造精神是最强的，他们没有许多条条框框的限制，所以有无限的想象力。等到逐渐长大了，大多数人的观察力也就衰退了。少部分人退化得比较慢，就成为有成就的人。

观察力衰退的同时，人也会变得冷漠。在大街上看到坏蛋抢钱，本来想跳出来，看到其他旁观者都不作声，一退缩，坏蛋已经跑了。在河边看到有人落水，本来想跳下去，看到其他旁观者围成一圈，一犹豫，人已经沉下去了。这个时候，旁观者越多，结果反而越糟，倒不如只有一个人看到，也没有什么迟疑的，一咬牙就上了。这个在心理学里面叫作"旁观者效应"。

所以，很多学校在教育学生的时候，很注重培养他们热情的品质。伊顿公学校长托尼·利特尔有一次参加上海电视台一档叫作"头脑风暴"节目的录制，主持人让他列出他认为学生最重要的三个品质，利特尔第一个写的就是"热情"。对他人热情，对工作热情，即使是旁观，也要做一个热情的旁观者。

一天，我正在办公室里"静坐常思己过"，张老师气呼呼地把一个学生拉进办公室，我一看就知道，张老师肯定又与学生起冲突了。学生显然并不服气，他脸上的表情放在那里，嘴里大声地争辩着。这事要这么发展下去，张老师必定骑虎难下，没法收场，我不能做一个旁观者。我马上起来，先劝张老师坐下，帮她倒了杯水，再把学生带到另一个房间，听学生诉说。我表示了对学生的理解和同情，同时也提醒他无论如何都要保持对老师的尊重和理解。待到双方都冷静下来，事情便好处理多了。

张老师后来很感谢我帮她打圆场。我笑着对她说，怒伤肝，害人害己，何必呢。张老师说，很多事情说起来容易做起来难，控制不住啊。过了一会儿，她问，你好像平时很少生气，学生也挺服你的，你是怎么做到的？

我说，做一个旁观者啊。

旁观者？张老师很疑惑。

是啊。我说，做一个旁观者，自己的旁观者。有时候碰到学生表现不好，我也很生气，但是我提醒自己，要保持冷静，因为教师的绝大多数错误都是在冲动的状态下发生的。然后我就想象另一个我从自己身上跳出去，站在一旁，以一个旁观者的身份看待我和学生之间的故事。我应该做什么，我不该做什么。另一个我就会帮助自己做出正确的选择。

有时候我也会在学生面前发火，我接着说，那是因为我觉得我自己应该发火，我应该明确表明我的态度，告诉他们我很愤怒，但是，我的火是假火，是浮在表面的。实际上我心里很平静，我能够控制我说的每一句话。

我们要学会从当局者变成旁观者。通常来说，无论这个人本来聪明还是愚笨，成为当局者就会变得愚蠢，成为旁观者都会变得睿智。

3. 要坚信方法一定存在

问题学生的教育真的没有办法了吗？非也。关键是我们有没有用心去想，用心去做。许多教师不爱听下面这句话甚至产生反感：没有学不好的学生，只有不会教的教师。美国有一位教师说了这样一句话：孩子，不是你不能学好，而是老师还没有找到教好你的方法。说这话的老师是一位特殊教育学校的教师，她所面对的不是正常学生，而是智障儿童。她的教育难度比普通学校的教师要大得多，但她没有丝毫对学生的埋怨，只是孜孜不倦地寻找方法。因此，在我们遇到问题学生的时候，也千万不要轻易放弃，而要不断问自己：我尽力了吗？我找到正确的方法了吗？

同样是面对问题学生，有的教师放弃，有的教师抱怨，四川有一位教师进行研究，并总结出24种方法：

（1）规章约束。不管是校规还是班规，都要让学生发表意见，要有充分讨论的过程，一旦通过，就坚决执行。

（2）提前预防。教师要有预见性，要善于将问题扼杀在摇篮状态。星星之火容易扑灭，但成燎原之势时就被动了。

（3）保持冷静。当学生问题产生时，教师要在第一时间保持冷静。事情已经发生，无可更改，教师所要做的首先是控制事态，不要让它进一步扩大。有时候，教师不冷静的行为常常使得事情越来越糟，以致不可收拾。

（4）调整动机。要思考问题学生的行为动机，了解他的需求和目的。要深入思考问题行为背后的原因之所在。

（5）有意淡化。学生成长过程中有许多行为都是一时冲动，事后自己也非常后悔。教师如果盯住不放，学生反而会恼羞成怒，有时候，教师刻意淡化，学生反而会心怀内疚，不再犯错。

（6）积极转移。当一个人在强势一方那里受到不公正对待时，他通常会在另一个弱势个体面前实施情绪转移。要教学生学会转移正面积极的情感，而控制不良情绪。

（7）以爱换德。中央电视台"实话实说"栏目曾报道，深圳一位老师为了找回一个不愿上学的学生，相继家访了38次。在第38次时，这位学生终于被老师的真诚打动，从此返回学校发奋学习。只要锲而不舍，爱的力量是无比巨大的。

(8) 因势利导。学生问题宜疏不宜堵,如果能根据情况对学生加以引导而不是一味地禁止,冲突就不会发生。

(9) 活动补偿。当学生精力旺盛时,适当组织一些体育活动;当学生渴望被关注时,适当组织一些促进沟通和交流的活动;当学生孤单失落时,适当设计主题为关爱的活动。

(10) 引发宣泄。当学生心情郁闷时,他往往会寻找一个机会发泄出来,在发泄的时候他就成了问题学生,实际上,这只是满足自己的一种心理诉求而已。学校或者教师可以提供如沙袋等一些发泄的物品,让学生学会无害地排解郁闷,从而舒缓自己的情绪。

(11) 一反常态。教师的一成不变常常是教育失败的根源。因此,应当积极求新求变。教师的一反常态往往会收到意想不到的效果。

(12) 速战速决。有些学生之间的琐事,涉及多人,每个人的叙述又都不一样,去弄清每一个细节费力费时,教师不妨快刀斩乱麻。

(13) 单刀直入。学生犯了错误之后通常都会心虚。教师在充分了解事实的情况下选择单刀直入,一些不是"老油条"的学生往往会很快承认错误。

(14) 迂回出击。有些学生问题适合单刀直入,有些学生问题则只能迂回出击,特别是对那些"久经考验"的问题学生,如果教师太过直白,就很可能遇到挫折。

(15) 角色体验。亲身体验所产生的感受才能真实深刻,让学生通过体验实现自我教育,这种方法虽然很费时,但效果长远。

(16) 跟踪管理。建立问题学生档案袋制度,对学生的变化实施跟踪管理,使学生的变化轨迹一目了然。

(17) 引发反思。有位老师为了教育一个偷自行车的学生,他给那个学生讲了这样一则故事:一位年迈的母亲听说自己的儿子犯法要判刑,当场气死。从而唤起那个同学的良知和自责,激起那个同学对爱与归属的强烈需求,进而深知自己错误的严重性。

(18) 自主教育。加强学生自我意识的培养,让学生增强自主意识与责任感,提高自主管理能力,实现自主自律,才是我们治理问题行为的最有效的办法。

(19) 集体教育。教师面对班级几十名学生，如果只靠自己的力量一对一，将无济于事。要发挥集体的力量，让学生在集体中受教育，在集体中成长。

(20) 不追根源。在处理有些学生问题行为时，可以不刨根究底找思想根源。要留给学生退路，有时候不追究反而会成为很大的促进力量。

(21) 表彰奖励。对好的行为及时给予表扬奖励，就相当于对不好行为的一种批评。实践证明，这种正强化的效果比简单的批评处罚要好得多。

(22) 延时强化。有经验的老师最重视持续激励、过程评价和目标管理，将行为与强化的间隙时间逐渐加大，从而最终实现学生的习惯养成，从他律实现自律。

(23) 相反练习。这种办法心理学称为"过矫正"，就是让学生做与问题行为相反的行为或者不相容的行为。在练习过程中，要跟踪视导，保证落实，只要能做好就及时给予奖励强化，如果能坚持就要加大表扬力度。

(24) 适度惩罚。惩罚一定要让学生明白惩罚的原因，要让学生意识到惩罚是对他的一种保护，是为了他将来的成长考虑。

(四川省宜宾县一中，向国彬，《如何处理学生的问题行为》)

这24种方法并不是金科玉律，每一位教师和家长都可以总结出自己的经验，相信写出另外24种方法也不是问题。我们必须相信，教好孩子的方法一定存在，我现在失败只是还没有找到正确的方法而已。有了这种信念，问题学生的难题一定可以被破解。

二、关键是理解问题学生

理解问题学生，需要做到理解他们形成的原因，理解他们的内心需要和表达方式。问题学生并不是天生的，教师和家长都要反思自己在教育孩子上的失当行为，这是理解问题学生的前提。

1. 我们自己制造了问题学生

问题学生是怎么产生的？这是我们必须思考的问题。一位网友在博客中这样写道：

我现在上大学了，其实原来我还有些排斥所谓的"问题学生"，后来上了高中，特别是上了大学，可能是看问题更深一些吧，我发现很多所谓的"混混"，实际上反而更值得人们去同情、去关心。因为，他们之所以会走到这一步，很多是由于学校和家庭的教育所致。很多人初中或者高中退学，其实是由他们在学校受到老师的不正确对待导致的。特别是我上大学之后，我发现这边的很多老师，口无遮拦，什么话都敢说，而初、高中生正好处于青春期，不能过多地批评，而是要多鼓励，给他们树立自信心。很多人就是由于平时在学校得不到老师的肯定，时常受到老师的讥讽，被别的同学排斥，最终走到逃课、吸烟、打架这一步的。我觉得这是学校教育方法的失败。这些学生之所以变成这样，学校的责任很大，学校就是要教书育人，如果把学生分成三六九等，只教好的不管坏的，那这些学习不太好的学生去哪里啊，难道都推向社会吗？

同时，我觉得所谓的"问题学生"优点倒是很多的，这些人一般都比那些所谓的好学生为人更仗义，不自私自利，比较富有同情心，做事情相对感性甚于理性，只要加强引导，让他们认识到自己的优点，会对他们的成长更有利。

这位网友提到了一个很重要的观点：问题学生是学校和教师制造的！青春期的学生出现问题很正常，教师如果用正确的方法宽容引导，很多学生的问题自然会得到解决。但是，有些教师却采取批评、讽刺甚至谩骂的方式，直接将学生推向反面。

因此，问题学生是谁制造的？问题学生是如何产生的？有没有天生的问题学生？这是我们必须深思的问题。人的本性有恶有善，但是，无论在什么地方，也无论什么民族的教育文化，都是教育孩子向善的，断没有鼓励孩子为非作歹的教师和家长。那么，为什么还会产生这么多的问题学生呢？

我们所能得出的结论是，问题学生并非我们主观教育的目的，但是，他们客观上确是教育者不当教育的结果。没有一个教师和家长希望孩子出问题，但是仔细分析一下他们的教育言行，很多时候，他们的确是在把孩子往相反的方向推。

2. 我们不理解问题学生的表达方式

问题学生的一些言行的确让我们愤怒。可是，如果我们被轻易激怒的话，我们就失去了教育转化他们的可能性。教师如果用一种博爱的胸怀来看待问题学生的挣扎，那么不仅不会愤怒，反而会生出一种同情。

一个学生写了这样一首小诗：

我是一个问题学生

晓梦青青

教室是

文明的囚笼

我是那

飞不出的小鹰

先生的教导啊

和如细雨

温若柔风

吹不进心池

难润干裂心灵

下课的期待

把一节课拉得漫长

我只好

做个鬼脸调个小皮

如剑的目光

再不能把硬如钢的心刺痛

似鞭的批评

再不能把坚厚脸皮抽红

可是，真的

我的世界难觅色彩

我拥有的是雨季的天空

水中的一片枯叶啊

飘啊飘有谁会懂

有些学生大声喧哗，可能只是想引起其他人的注意；有些学生激怒教师，也许只是因为教师一个轻蔑的眼神；有些学生拿别人的东西，可能只是满足自己的一种心理欲求；有些学生离家出走，可能只是因为父母亲缺乏一句温暖的话语……

我们需要的是关注学生的内心需要，我们需要的是了解学生问题行为背后的原因，从而理解学生通过问题行为来表达自己情绪和诉求的方式。

3. 发掘学生问题背后的深层次原因

当一些学生问题成为普遍化趋势的时候，发掘这些问题背后的深层次原因是十分必要的。比如，青少年沉迷上网的问题，有人认为是一种病，有人认为十分正常，还有人认为这是一种心理补偿。

据中国青少年网络协会《中国青少年网瘾数据报告》的负责人刘小奇介绍，这份2007年9月所做的报告显示：目前我国网瘾青少年约占青少年网民总数的9.72%。

其实该协会在2005年也做过一次这样的报告，当时的数据还要高，是13.2%。2007年的数据与2005年相比，有所下降。

但是，刘小奇认为，这两次报告的数据不能简单比较，因为这两次调查，对"网瘾"这个概念的界定不是完全一样的。另外，第一次调查的样本量比较少，大概每个城市只抽了500个，这也影响到数据的准确性。

对于"网瘾究竟是什么"这个问题，医学界一直是有争议的。对于"网瘾"，首先要分清楚我们一般意义上说的青少年使用网络超过一定限度的"网瘾"和严格意义上的病态的"网瘾"。《中国青少年网瘾数据报告》中采用的界定网瘾的标准，显然是比较宽泛的那一种，9.72%这个数字，指的肯定不是病态的网瘾。

根据中科院心理所掌握的数据，严格意义上病态的网瘾患者在我国青少年中大约占2%。高文斌说："民盟和北师大的很多专家调查的结果也差不多。这是个什么概念呢？大概平均每个班有那么一个、两个。"

但是，其实，弄清楚我国究竟有多少网瘾患者并没有多大意义，将《中国青少年网瘾数据报告》称为"中国青少年网络使用报告"更加确切一些。它更大的价值在于让我们了解，在这个信息交叉流通的时代，中国的青年一代是如何成长的，这对我们很重要。

那么，什么是"网瘾"？一般意义上的"网瘾"和严格意义上的"网瘾"有什么区别？这个问题之所以很长时间没弄清楚，是因为总有一些问题困扰着研究者。

各国国情不同，这就很难统一标准。比如，在韩国，网络普及率和应用水平都相当高，互联网产业非常发达。韩国的网游是职业化的，有各种各样的比赛，顶级高手是受人崇拜的偶像。在美国，网络色情问题比较严重；在我国，网络游戏的问题更加严重。

严格意义上的网瘾是一种疾病。疾病的定义是"给自己和他人带来痛苦，并影响了人的社会功能（就是指人的工作、学习和社交）"，有的网瘾患者自己觉得挺好，但是他给家人带来了痛苦。

很多家长认为网络害了孩子，尤其是网络游戏，很多学校还一度劝诫学生不要上网。但是研究者的结论恰恰相反：网瘾只是表象，它的背后是孩子们深层次的心理问题。

不论哪个时代的青少年，他们成长所需要建立的东西都是一样的，无非就是成就感、同伴关系、亲密关系等。

"造成网瘾的最核心因素就是学校的评价体系单一。我们的中小学，最核心的评价体系就是成绩。"采访中，接触到的对网络依赖程度比较深的孩子，大都是14到20岁之间的，很多孩子都是在小学升初中、初中升高中、高中升大学的节点上出了问题。

患者萌萌的小学至初中成绩都非常优异,不仅是家长的骄傲,而且也是老师乃至校方的荣耀。但是进入高中后,他的学习成绩逐步下降。

成绩不再拔尖的萌萌不再被老师和同学奉为榜样,从前一向把儿子引以为豪的母亲暴跳如雷地训斥他,甚至再也不让儿子在单位露面了。萌萌受到了冷落,于是从高中阶段开始,他频繁接触网络。

高考时,萌萌订了一个一流大学目标,结果名落孙山,遭到重大打击。后来,他虽进了一所普通大学就读,但从此一蹶不振,痴迷网络游戏。

"关键不是网络游戏,而是成就感。这些原来很优秀的孩子,突然发现自己什么也不是了。网络提供了一个最廉价的实现这种需要的途径,于是很多孩子迷上了网游。越是聪明的孩子越较真儿,原来我学习第一,现在我玩网游也要第一,结果就陷进去了。"

再一个原因就是成长中参照系的缺失。"现在的小孩,在学校就是上课,放了学就由家长接回家了,也没有和小伙伴在一起玩的时间。在学校就是课间的十分钟。但在网络上,他突然发现有那么多朋友,就转向网络。"一个正在接受网瘾治疗的孩子说,在玩网络游戏时,很多朋友之间的互动很吸引他,而在学校,很少有时间和同学一起玩。

除此之外,学校的课程设置也有问题。"我们现在学校的教育被称为'去势教育',所有课程都是按照女孩子的成长规律设置的,强调记忆,强调重复,男孩子喜欢的竞争性强的、野性的东西都没有。在中国,网瘾主要是由网络游戏引起的,和这个有很大的关系。游戏都是打怪、升级,提供了这种竞争性的、'野性'的东西,这对男孩子非常有吸引力。相反,女孩子成瘾的特别少,因为女孩子通常对这些不感兴趣,网络上目前还没有特别能吸引女孩子的内容。"

(温泉,2008)

为什么问题学生多数是男生?为什么现在学校里普遍呈现"阴盛阳衰"的局面?在许多学校,少先队大队长清一色的是女生,团员也是女生占先,各级各类考试的优胜者就更不用说了。以往我们总说,到了高中,男生的成绩就会上来。但是现在,很多地方的高考理科状元是女生。是男生不够优秀吗？答案恐怕是否定的。

从性别角色培养的角度说，男生在成长过程中需要一些野性的教育。上一代的男生在小时候都有过打架闯祸的经历，流点血，受点伤，也是家常便饭。正是在这样的环境中，男生变得坚强、博大、有韧劲。可是现在，我们教育的却是"君子动口不动手"，男生必须像女生一样乖乖地坐在教室里做功课，一动也不能动。这等于是把男生的手脚束缚住，也因此培养出了一代没有血性、不敢担当的中性男人。

当我们深刻发掘学生问题背后的深层次原因之后，我们便会发现，有些问题根本就不是问题。如果我们将它们看作问题，只怕才是真的问题。

三、致力于改变自己的言行

在进行问题学生教育的时候，首先，教师要调整自己的想法，在不同的标准下，问题学生的界定也不尽相同；其次，教师应当有良好的心态，面对问题时不急不怒，必要的时候可以做一点让步。再次，站在问题学生的角度考虑问题，可以让教育管理更加有效。

1. 调整想法

有人群的地方，就会分三六九等。制定了一个标准，就一定会有好中差。在一个标准之下的好学生，在另一个标准之下可能就成了问题学生。

哈佛大学心理学教授霍华德·加德纳提出的多元智能理论现在已经广为人知了，这个理论认为，人拥有多种独立而平等的智能，如语言智能、数理逻辑智能、视觉空间智能、音乐智能、运动智能、人际交往智能、自我认知智能等。每个人的智能结构互不相同，某些方面会很强，另一些方面则会很弱，因此不需要为自己在某方面的平庸而灰心丧气。这似乎印证了"天生我才必有用"的说法。

美国运动员菲尔普斯在北京奥运会上一举获得 8 枚金牌。然而，在童年时期，他竟然是一个"多动症"患者，是确凿无误的"问题学生"一族。在他9岁的时候，老师就抱怨这家伙干什么事都集中不了注意力。幸好菲尔普斯的母亲是一位教育工作者，通过观察，她发现儿子喜欢游泳，并且在泳池里表现得异常专注。于是，她决定培养儿子的游泳兴趣，这才有了后来震惊世界的一代游泳天才的横空出世。

家有中等生

女儿的同学都管她叫"23号"。她的班里总共有50个人，而每每考试，女儿都排第23名。

久而久之，便有了这个雅号，她也就成了名副其实的中等生。

我们觉得这外号刺耳，女儿却欣然接受。老公发愁地说，一碰到公司活动或者老同学聚会，别人都对自家的"小超人"赞不绝口，他却只能扮深沉。人家的孩子，不仅成绩出类拔萃，而且特长多多，唯有我们家的"23号女生"，没有一样值得炫耀的地方。因此，他一看到娱乐节目里那些才艺非凡的孩子，就羡慕得两眼放光。后来，看到一则9岁孩子上大学的报道，他很受伤地问女儿：孩子，你怎么就不是个神童呢？女儿说，因为你不是神父啊。老公无言以对，我不禁笑出声来。

中秋节，亲友相聚，坐满了一个宽大的包厢。众人的话题也渐渐转向各家的小儿女，趁着酒兴，要孩子们说说将来要做什么。钢琴家，明星，政界要人，孩子们毫不怯场，连那个4岁半的女孩，也会说将来要做央视的主持人，赢得一阵赞叹。12岁的女儿，正为身边的小弟弟小妹妹剔蟹剥虾，盛汤揩嘴，忙得不亦乐乎。人们忽然想起，只剩她没说了。在众人的催促下，她认真地回答："长大了，我的第一志愿是当幼儿园老师，领着孩子们唱歌跳舞、做游戏。"

众人礼貌地表示赞许，紧接着追问她的第二志愿。她大大方方地说："我想做妈妈，穿着印叮当猫的围裙，在厨房里做晚餐，然后，给我的孩子讲故事，领着他在阳台上看星星。"亲友愕然，面面相觑，不知道该说些什么。老公的神情极为尴尬。回家后，他叹着气说，你还真打算让女儿将来当个幼儿园老师？咱们难道真的眼睁睁地看着她当中等生？

其实，我们也动过很多脑筋。为提高她的学习成绩，请家教，报辅导班，买各种各样的资料。孩子也蛮懂事，漫画书不看了，剪纸班退出了，周末的懒觉放弃了。像一只疲惫的小鸟，她从一个班赶到另一个班，卷子、练习册，一个个地做。可到底是个孩子，身体先扛不住了，得了重感冒。输着液，在病床上，她还坚持写作业，最后引发了肺炎。病好后，孩子的脸小了一圈。可期末考试的成绩，仍然排在让我们哭笑不得的第23名。

后来，我们也曾试过增加营养、物质激励等，几次三番地折腾下来，女儿的小脸越来越苍白，而且一说要考试，她就开始厌食、失眠、冒虚汗，再接着，考出了令我们瞠目结舌的第33名。

我和老公，悄无声息地放弃了轰轰烈烈的揠苗助长活动。恢复了她正常的作息时间，还给她画漫画的权利，允许她继续订《儿童幽默》之类的报刊，家中安稳了很久。我们对女儿是心疼的，可面对她的成绩，又有说不出的困惑。

周末，一些同事结伴郊游。大家各自做了最拿手的菜，带着老公和孩子去野餐。一路上笑语盈盈，这家孩子唱歌，那家孩子表演小品。女儿没什么看家本领，只是开心地不停鼓掌。她不时跑到后面，照看着那些食物。把倾斜的饭盒摆好，把松了的瓶盖拧紧，把流出的菜汁擦净。忙忙碌碌，像个细心的小管家。

野餐的时候，发生了一件意外的事。两个小男孩，一个数学高手，一个英语高手，同时夹住盘子里的一块糯米饼，谁也不肯放手，更不愿平分。丰盛的美食，源源不断地摆上来，他们看都不看。大人们又笑又叹，连劝带哄，可怎么都不管用。最后，还是女儿用掷硬币的方法，轻松地打破了这个僵局。

回来的路上堵车，一些孩子焦躁起来。女儿的笑话一个接一个，全车人都被逗乐了。她手底下也没闲着，用装食品的彩色纸盒，剪出许多小动物，引得这些孩子赞叹不已。至下车，每个人都拿到了自己的生肖剪纸。听到孩子们连连道谢，老公禁不住露出了自豪的微笑。

期中考试后，我接到了女儿班主任的电话。首先得知，女儿的成绩仍是中等。不过，他说，有一件奇怪的事想告诉我，他从教30年了，第一次遇见这种事。语文试卷上有一道附加题：你最欣赏班里的哪位同学，请说出理由。除女儿之外，全班同学竟然都写上了你女儿的名字。理由很多：热心助人，守信用，不爱生气，好相处，等等，写得最多的是，乐观幽默。班主任还说，很多同学建议由她来担任班长。他感叹道：你这个女儿，虽说成绩一般，可为人实在很优秀啊。

我开玩笑地对女儿说，你快要成为英雄了。正在织围巾的女儿歪着头想了想，认真地对我说，老师曾讲过一句格言：当英雄路过的时候，总要有人坐在路边鼓掌。她轻轻地说："妈妈，我不想成为英雄，我想成为坐在路边鼓掌的人。"

我猛地一震，默默地打量着她。她安静地织着绒线，淡粉的线，在竹针上缠缠绕绕，仿佛一寸一寸的光阴，在她手里，吐出星星点点的花蕾。我心里竟是蓦地一暖。那一刻，我忽然被这个不想成为英雄的女孩打动了。这世间，有多少人，年少时渴望成为英雄，最终却成了烟火红尘里的平凡人。如果健康，如果快乐，如果没有违背自己的心意，我们的孩子，又何妨做一个善良的普通人。长大成人后，她一定会成为：贤淑的妻子，温柔的母亲，甚至热心的同事，和善的邻居。

在那些漫长的岁月里，她都能安然地过着自己想要的生活。作为父母，还想为孩子祈求怎样更好的未来呢？

（刘继荣，2009）

这位母亲的叙述非常让人感动。在这样一个功利心驱使我们前行的时代，哪个父母不希望自己的儿女成龙成凤，出人头地？哪个父母愿意让自己的孩子甘居人后，永当绿叶？于是，在父母的压迫下，孩子不停地学这学那，永不停歇。本来开朗快乐的孩子变得郁郁寡欢、忧心忡忡，问题的种子便已经种下。

因此，像这位母亲一样，调整想法，把自己的孩子首先当一个普通的人，不要对她有太多不切实际的想法。这样，问题孩子会少很多，我们自己也会快乐很多。

而且，按照多元智能的理论，我们又怎能否认，这个中等生在人际交往方面不是一个天才呢？可能在数理逻辑智能方面，她的确很平常，但是其人际交往的智能却一定出众。孩子有问题并非孩子的错，而很可能是我们评价制度的问题。换一个评价标准，"中等生"可能是优等生，"问题学生"有可能是超常儿童。

2. 停止抱怨与敌对

当班级里转来一个问题学生时，教师常常会抱怨。有一位教师就这样说，遇到这样的学生真倒霉！又说，谁教这样的学生谁倒霉。问题是，这样的抱怨有效吗？也许，这些老师只是这样发泄自己的不满，该做的工作照样做。但是，在这样一种抱怨和敌对的心态下，你还能指望他平心静气地转化、帮助这个问题学生吗？

他是文理分科时从别的班分过来的，我曾经向原来的班主任问过他的情况，他的班主任没说什么，只是轻轻地摇了摇头，我心里清楚他的情况不好，到底是坏到什么情况，我没有估量。

刚来班里第一个星期，我发现他不但不学习，而且不遵守纪律，不但自习课说话，就是在任课老师上课时他也不闲着，不是说话，就是传纸条，严重影响其他同学学习。

我观察了几天后，有了确凿的证据，就把他叫到办公室。他的态度倒也恭敬，不跟我顶嘴。他告诉我，他从小学一年级成绩就差，从来没考过100分。我一看他是对自己的学习缺少信心，就鼓励他向自我挑战，人生的路程还很长，不要看扁了自己，只要努力，就有机会成功，即使不能一下子成功，总会比原来有提高啊，那样才会觉得人生有价值。

我说着说着，一节课的时间就在我嘴边溜过去了，我感情激动，仿佛自己也被自己的话感动了，也相信这位同学一定也产生了共鸣。

可是最后他说了一句，社会上总会有一些渣滓吧，他们也得有人去充当啊，我愿意是他们其中的一员！

天啊！我差点晕倒。我苦口婆心，动之以情，晓之以理，结果竟然如此!我无言了,感觉他有心理障碍,于是没再说什么。

在后来的交往中,我喜欢过几天和他聊一聊,他告诉我怎样去帮人家打群架,几十号人坐了出租车跟去,到那里不用动手,只是站在那里助威。他说的那些内容,让我感觉很新奇,像在武侠小说中才有的阵势。

他喜欢打羽毛球,有时上体育课他自己对着墙打。我也喜欢,就主动找他打一会儿。我发现他很害羞,一说话白净的脸上就有一片红晕。对人很客气,也很有礼貌。

他的行为渐渐变了,虽然还是不爱学习,有时上课听不懂,就看一会课外书,但不再违反纪律了。有时也做点读书笔记,看看课本,自己开始学习了。

在没有找到解决问题的方法之前,至少不要把事情弄得更糟,这应当成为问题学生转化工作中的一条准则。当学生问题出现时,教师不是充满愤怒,不是充满怨恨,而是心平气和地和学生沟通、交流,即便不能马上想出有效的方法来迅速地改变学生,这种沟通和交流也会逐渐消除师生之间的隔阂,使得学生初步建立起和教师之间的一种信任。

因此,对于问题学生少一些抱怨、少一些指责,多一些包容和爱护,慢慢地,事情也许就会出现转机。

3. 做出必要的让步

三位优秀的班主任在一起谈论教育工作。他们面对一个共同的场景:当你走进教室准备上课,突然迎面飞来了一个黑板擦,正好砸中你的头,你该怎么办?

这是一个颇具挑战性的问题。第一位老师回答:我要保持教师的威严,绝对不能在气势上输给学生,因此,我会捡起黑板擦,扔回去,让他们知道老师不是好惹的。

第二位老师回答:我会以德报怨,不跟学生一般见识,再说他们也可能是无意的呢?我会不动声色地捡起黑板擦放在讲台上,然后若无其事地把身上的粉笔灰掸干净,接着正常上课。

第三位老师的回答很简单：我会哭。这是一位女教师。另两位男教师质疑她，在学生面前哭，是不是太丢脸了。女教师告诉他们，这是她的"独门暗器"，她曾经利用"哭"好几次成功地反败为胜。女教师的哭并不代表软弱，表面上看我很无能很无助，实际上，我通过这种方式表达我的失望和愤怒。

哭可以以柔克刚，也就是说，学生的问题并非都需要通过强硬的手段去解决。有的时候，做一点小小的让步，或者至少在表面上做一点小小的让步，不但可以避免与学生的冲突，而且可以给学生以空间和时间反省自己的错误。

刚刚参加工作那年，我在工作中最头疼的事情是学生上课纪律不好，你在上面讲，他们在下面说，你提醒他们，他们根本不理你那碴。所以我一上课就发怵。这种事对于一些年轻的女教师来说，也许不止一个人有同感吧！

记得那是周一的上午第二节课，我按照备课内容在讲台上津津有味地讲解，看着很多同学专注地看着我，有的不断地记笔记，我心里有一种踏实感，正庆幸或许这节课没人捣乱吧。

下一个环节是学生自由朗读一段课文，3分钟后我要求停下来，但第四排靠窗户那个同学的声音显露出来了，他在跟同桌说话，声音比较大。我指一指他，告诉他不要再说了。他瞥了我一眼，装作听不见，继续说话。同学们看他不听，就开始议论，班里有些乱了。

我的火一下子冒上来，大声说："××，你站起来！"他把头一耷拉，根本不搭理我。我当时想不出别的办法，又不好去拉他，在这么多学生面前我又下不了台，就感觉眼泪一下子涌了上来。我不愿在同学们面前出丑，冲出了教室。

我不想把事情闹大，到办公室找班主任老师，班主任一定会把他叫走批评他，他会记恨我告他的状，以后更不好管理。我在走廊里洗脸，一边洗一边哭。××慢慢走过来，站在我身边小声说："老师，你别哭了，我不再惹你生气了。"我的委屈怎么会一下子平复呢？我哭着说："我为什么要原谅你呢？你当着这么多同学的面，让我下不了台！"他看我还在哭，一个劲央求我，并且解释说是跟同桌打赌，敢不敢故意气我，所以才发生前面的事。

他是一个体育特长生，一米八几的个子，但还是一脸的孩子气。他皱着眉头，苦着脸，见我不肯原谅他，也一筹莫展，急得直跺脚。过了几分钟，我心中的怨气渐渐消散了，我对他说："要我原谅你可以，但条件是什么？"

他见我气消了，脸上有些轻松的表情，说："我以后上语文课再也不说话了，你上课有人说话时我替你维持纪律。"

我面带微笑了，说："这是你说的啊，说话算不算数？"他一拍胸脯说："你放心，老师，我是谁啊！"我让他回教室上课了。我跟在后面，走上讲台接着上课。

后来这个学生再也没有在我的课上随便说过话，并且有时帮我维持纪律，让我比较轻松地度过了那段艰难的时间。想来，我真的很感谢他。

对学生宽容一些，特别是对一些问题学生，给他们足够的自尊，他们会在内心里反省自己，有利于改掉他们的陋习，而不应该只注重严厉的批评说教，如果他们有抵触情绪，结果会收效了了，成为屡教不改的学生。所谓"退一步海阔天空"，给学生更多改正错误的机会也显得我们老师人格有高度。

(引自校讯通博客，卢建华)

4. 创造理想的教师形象

在面对问题学生时，有一种做法值得一试。那就是把自己放到问题学生的角度，用他们的身份思考问题。这就像演员饰演一个角色一样，对角色的理解程度决定了演出效果的好坏。

当一名教师真正"入戏"时，他会用学生的思维逻辑做出判断，老师该怎么做，我才会听；老师如果那样说，我很可能会逆反。

理想的教师形象不是教师主观的感受，而是学生切身的要求。因此，多以学生身份思考问题，便能够知道自己努力的方向，并不断培养自己成为一个能转化问题学生的教师。

"哈，林老师，你得了一个'好学生'。"我刚走进办公室，703班的班主任李老师说道。说起王斌，谁人不晓，父母离异，各自又重组家庭，且长年在外打工。王斌被他哥哥带着，他哥哥染着红头发，在社会上闲荡，常有不正当行为。这样的家庭环境，使聪明的王斌在小学读书时就"大名远扬"了，蓄着长头发，赌博，打游戏，打架，旷课，接触违禁药品……谁曾想到，刚进初中就分到我班上了，我心中不禁打了一个冷战。看来，要搞好这个班级，就得首先通过这道难关了。在过去的班主任工作经历中，我还未碰到这么大的难题。带着忐忑不安的心，我走进教室，扫视教室，果然发现一个特别的学生，我猜想肯定是他，不过，他的眼神还是明亮的，带着一丝兴奋。点名后，我表达了对所有学生的欢迎和希望，特别提到中学生的服饰打扮应具有的特点。根据我的经验，对于王斌这样的问题学生，不单独进行谈话是不大起作用的。但是，这次我没有这样做，对于特殊的学生，得有特殊的教育方式，也许他早就习惯与教师"单练"了吧！在思考中，我也在探索着，如何走出他熟悉的教育管理模式，才有可能触动他的心灵，教育管理他、转化他才会有实效。

第二天上课，我惊喜地发现王斌的头发短些了，看来，普遍性的教育说理起作用了，没有直接的"短兵相接"，他心中的防线也不存在了；没有"敌人"，他放弃了抵抗。我心中逐渐有了帮助王斌的思路：把"特殊教育"形式变成"平常教育"形式。

问题学生毕竟是问题学生，不久，王斌迟到、旷课……我一如过去，仅把他作为偶犯一次错误的学生对待，就事论事，指出错误，提出希望，从不提及他的过去，特别强调，作为一个中学生要学会管理自己。也许在平时体验到被尊重和平等对待的滋味，王斌违纪越来越少了。上过《走一步，再走一步》一课后，有一道练习题：你认为文中父亲的做法对吗，为什么？谈谈父亲对你的教育方法。他在谈及自己父亲时写道："爸爸过去在家里常说，遇到事就搞，不要怕，我认为他这种做法不对，还是要看事情有没有道理。"从中可以看出，王斌的心中已亮起一盏灯，那盏灯将照亮他的人生。现在，王斌已走出了过去的"名人效应"，成了一名普通的学生，成绩逐步提高，在语文考试中还获了奖，课余参加绘画班，学习他最感兴趣的卡通画。

（湖北省恩施市白果中学，林勇，《问题学生带来的"问题"》）

一名已经成为中学生的问题学生大概早已"百炼成钢"了。一对一的"单练"不知道经历了多少回，他也逐渐产生了抗拒性。遇到一位班主任罕见地没有就其问题一对一谈话，而只是在班级里作为一个普通问题泛泛而谈，这恰好与学生渴望转变、渴望给新老师一个好印象的心理契合。于是，变化就发生了。

理想的教师形象不是一成不变的。适合的才是最好的，同样，有效果的方法才是好方法。好的有效的方法从哪里来？从我们的实践和思考中来。如果经常思考转化问题学生的可能性，然后用这种可能性来对照自己，那么你必将成为一名转化问题学生的高手。

四、创设改变问题学生的情境

好的情境能让教育事半功倍。要创设改变问题学生的良好情境，教师首先要和问题学生建立良好的师生关系。在这种良好关系之中，师生之间可以进行没有障碍的情感交流，这时，教师的教育才能直抵学生的内心。此外，教育还应当把握时机，在恰当的时候进行，往往能收到意想不到的效果。

1. 分析原因

"问题学生"在狂放不羁的外表下都有常人难以体会的痛苦。通常，我们认定"好学生"的标准就是学习成绩好，而"问题学生"痛苦的根源也正在于此。他们被老师划入"不可教"的行列后，学习上、思想上、生活上的所有渴求都被忽视了，怎么办？于是，他们就用捣乱、喝酒、打架等这些另类的方式表明自己的存在，显示自己的价值。因此，对于问题学生，我们绝不能一棍子打死或完全放弃，而是要真诚地理解，热情地帮助。

小季是一名初三的学生，在学校是大家公认的好学生，学习成绩好，待人有礼貌，一直担任学生干部，很有希望考上重点高中。可是，在临近中考的一次模拟考试中，小季的成绩不理想。为此，妈妈埋怨她，说她不用功。小季感到很委屈，一直闷闷不乐。有一天，她给父母留下一封信，说是要到外地散散心。小季离家出走了。

小季的离家出走是家长不当行为的直接后果。事实上，我们稍做一些分析就可以知道，小季成绩一直很好，对自己要求很严格，在中考之前的一次模拟考试中成绩不理想，她自己非常郁闷。这种郁闷源自她本人的一种自我期许和定位。当成绩出来之后，现实的巨大落差会使她产生很大的心理压力。如果小季的母亲懂一些心理学，就应该知道此时最好的方法就是帮助小季放松心态，安慰她毕竟只是一次模拟考试，不是最后的大考，然后和她一起认真地分析原因。分析原因是为了让孩子往前看，而不要一味地沉湎在懊恼中。父母的宽容实际上会让孩子产生更大的动力去努力学习，以更好地回报父母的期望。

当孩子出现问题时，我们从心理的角度做认真仔细的分析同样很重要。当我们了解到孩子异常行为背后的原因时，正确的解决方案也会同时浮现出来。

2. 建立良好的师生关系

没有一种方法策略可以孤立地产生作用，我们所做的每一件事情都有一定的环境背景。这就是我们为什么照搬另一位教育者的做法，却常常不能如同他那样奏效的原因。其中，最重要的一个背景就是师生关系。

良好的师生关系是转化问题学生的重要保障。青少年学生正处在成长的叛逆期，对于教师和家长的教育往往怀着叛逆心理，而教师和家长的教育往往又过于直白。例如，一位教师对学生说，你跟老师到办公室来一下。

当学生跟着教师走进办公室的时候,他的心里已经产生了抗拒,要知道,没有一个人是喜欢被他人教育的。当教师教育的话语还没有开始的时候,效果已经打了很大的折扣。

如果教师、家长和孩子的情感已经疏远,甚至孩子已经产生对立情绪,那么,教师和家长的教育甚至会起到负面作用。一位家长苦恼地就儿子的问题请教老师,为什么我让他向东,他偏偏要向西?让他往南,他偏偏要往北?他明明知道我是为他好,明明知道我是对的,为什么要跟我对着干?老师就此事和他儿子谈心。儿子说,我爸爸很烦人,他跟我说的那些话,我耳朵已经听出老茧,我再也不能忍受了。老师跟这位父亲说,你的儿子已经对你产生逆反情绪,他的一切行为的目的就是跟你对着干,因此,目前最好的方法就是你先退后一步,暂时放弃教育,等到孩子过一段时间冷静下来,你试着从生活上关心他、帮助他,跟他恢复良好的父子关系再说。

同样处理一个问题学生的行为,一位教师这样说,"张三,你知道你最近一直在惹麻烦吗?你这样做对你自己有什么好处?你给同学和老师带来了多大的困扰?是什么原因使得你这样做的?你不想把原因告诉老师吗?"

可能这位老师觉得他的话已经很客气了,这是因为他没有听到另一位教师是怎么说的:"张三,老师这两天一直在想你的事情,心里很难过,因为老师感觉自己很失败。其实老师一直想给你提供帮助,但可能方式不当,反而使得你的情绪更加不佳。老师非常想找到一些好的方法,使得我们都能接受,而你也能好起来。你能告诉老师到底该怎么做吗?"

当然,并不是说像第二位教师这样说话就一定能解决问题,但是第二位教师至少是在向着师生和谐的方向努力。他在努力地缩小师生之间的距离而不是加大。通过寻找双方更多的共同点,而不是单纯地指责、诘问,更有可能增加孩子对教师的信任,从而为问题的解决创造一个好的开端。

3. 运用情感的武器

每个班都有一定数量的"问题学生",他们人数不多,能量却不小。对这样一个群体，教师必须正确认识他们，研究他们，并给予他们特殊的关爱。教师通过个案研究，可以了解他们的实际问题，分析形成问题的原因，并有针对性地进行矫正。

李强是一个很典型的问题学生，上课不听讲，学习不认真，成绩很差，其班主任老师对他的教育策略是什么呢？

我以纪律问题为切入口，经常找他谈话，以平等的姿态跟他交流。也许是他觉得我没有轻视他，渐渐地，我发现他上课不再有交头接耳的行为，但多数时间仍然趴在桌子上不听课。于是，我从自己所教的英语课入手，鼓励他参与课堂活动，并在课堂上给他创造表现的机会，适时给予表扬。在此基础上，我还经常单独找他谈话，给他布置作业，定期检查，他每次都完成得比较认真。在一次检查作业时，我和他进行了长谈，对他那段时间的表现及时进行表扬。通过谈话，我感觉他似乎对我建立了信任感。他母亲有一次给我打电话也说："孩子回来跟我说，他非常愿意和您聊天。"这使我对他有了信心。

当学生非常愿意和教师聊天的时候，说明师生之间在情感上已经没有什么障碍了。一旦情感上没有障碍，学生就愿意在教师面前暴露自己的想法，而且也愿意聆听教师的教诲。此时，教师的教育便会直达学生的内心。

当对李强的教育已经变得没有阻力的时候，教师又集中进行了习惯养成和目标激励的训练。一个学期之后，李强取得了明显的进步。

他课上很少再出现纪律问题，主动参与课堂活动，积极思考；课下能主动与任课教师交流，请教问题，做作业也比以前认真了。他母亲告诉我，以前李强晚上在家从不学习，家长批评，还与家长顶撞。现在，他晚上能够自觉地学习，即使看电视，最多只看半小时。后来，在会考中，李强的各门功课均为"优"。

教师情感的力量是巨大的。我们常常会发现一个学生在情感上亲近一位教师，就喜欢上了这门学科，愿意在这门学科上花费时间。偶尔一次考试成绩不理想，他甚至会觉得对不起教师，之后更加努力地学习。

4. 把握时机

问题学生的教育急不得。当时机没有来临时,要耐心地等待时机。

一个叫辛伟的问题学生一度让班主任无所适从,但是幸好他碰到的是一位优秀的班主任。

虽然几度苦口婆心没有成效,我却从没有过要放弃他的念头,只要有机会我就"套近乎"多表扬他,尽量避免与他对立。没想到,在一次偶然中,事情出现了转机。班里一个同学受到老师的严厉批评后,神情沮丧地从外面进来,大家一阵哄堂大笑,辛伟朝着一个笑声很大的女生嚷道:"笑什么笑!"那个女生马上反驳说:"装什么清高,也不自己照照镜子。"随后,两个学生吵了起来,差点动了手。我赶到现场时,两个人脸涨得通红,眼也通红。直觉告诉我学生们认定我会教训辛伟,辛伟自己也感觉我对他又会是一通批评,咬着牙歪着头没理我。看到周围学生脸上还没散去的那种看客的表情,我火了,那天破天荒地用"麻木不仁""冷血"这些词来形容我的学生。

这次我和辛伟站在了一起。处理完后,我依旧气愤难消,看着学生都回到座位上,突然间感觉辛伟好像还是第一次"轻轻"地坐到了位子上,脸上很是平静。这让我惊喜不已:原来,他也明白是非,他也对"支持和认可"有感觉。

(刘万英等,2009)

问题学生的教育机会转瞬即逝,辛伟的班主任敏锐地把握住了从情感上亲近他的机会,那次的教育之后,辛伟逐渐从情感上接受了班主任,并且认真地朝着老师要求的方向努力。

把握教育时机是一项专业要求很高的技术。教师首先要做好充足的准备,要有教育的愿望;其次要有敏锐的判断力,能在瞬间做出正确的判断。除此之外,教师还必须要有急智,能够在短时间内组织恰当的语言,选择恰当的方式,一举完成对问题学生的教育突破。

一些高明的教育者甚至还会创造教育时机。比如,班主任组织班级全体学生参观特殊教育学校，参观完之后马上组织一次关于克服困难、勤奋学习的主题班会。如果没有之前那次参观，这个主题班会很可能会流于形式。但是，有了教师"创造"的参观经历，学生明显受到震撼，在主题班会上流露出的真情实感就显得非常可信。

五、向家长与同事寻求帮助

在教育问题学生时，教师必要的时候应该向家长和同事求助。问题的解决有时需要多方的合作，学生认识到自己的错误是基础，此外还需要家长的协助和科任老师的配合。只有在多方的合力下，教育才会有成效。

1. 解铃还须系铃人

学生和科任教师发生冲突，班主任要居中调停。通常来说，班主任都会批评教育学生，并且让其去向科任教师认错。但是，仅仅让学生认错是不够的，班主任还应当选择适当的方法与科任教师交流，如果教师不做改变，问题可能依然存在。

学生元元，小学由于身体不好且好动，学习基础没打好，学习成绩很差，但这个学生个性很强，好面子而且执拗。到初中后，由于理解困难、学习能力差又缺乏自制力，上课常讲"小话"，没少挨老师的批评。

一天，上语文课时，一个学生干部突然跑到办公室来，上气不接下气地说："铁老师，不好了，元元上课讲话，挨了老师的批评，他不服，当众与老师顶撞起来。老师叫他到办公室来，他不听，弄得教室里充满火药味，没法上课了。"这还了得，我当即冲到教室，将这家伙"请"到办公室，不由分说狠狠地训了他一通："别人在干什么，你又在干什么？违反纪律，还不许老师说你，谁给了你这么大的特权？你是哪个王爷侯爷的儿子，敢如此嚣张？"慑于我的威势，他不得不低下倔强的头，承认自己错了，下课后还向语文老师认了错。最后我告诫他，"即便老师错了，冤枉你了，你也不能当场与老师顶撞，保留意见，顾全上课大局，下课后再找老师解释。"这事过后，元元平静了一个星期。

然而，好景不长，才过了一星期的时间，他又和语文老师在课堂上争吵起来。这次我倒反而冷静起来，意识到这件事不那么简单。我把他请到操场上，首先肯定他虽然基础很差，学习很困难，但能坚持上学，每天在教室坐7节课，从不迟到旷课，实属难得，说明他纪律观念还是很强的。然后我询问他与老师顶撞的原因，他说："我没有笔，就回头借后面同学的笔，可能说了一句话，语文老师就大声吼叫，说我怎么怎么差，不是东西，还说我不是来读书，而是来混日子的，我受不了，就和她顶撞起来。语文老师总是盯着我的一举一动，总是抓住一点小事大做文章，我讨厌上语文课。"我对他说："首先要肯定语文老师是把你当好学生来严格要求，希望你能学好语文，没有对你视若不见，这是对你负责任的表现；当然，学生也有人格和自尊，老师批评你的方式也不对，最好给你一个面子，不当众批评你，但你也要站在老师的角度想一想，如果全班同学都像你那样，想干什么就干什么，那语文课还怎么上。"看他平静下来，我又说："你体育很好，篮球打得很棒；老师相信你如果从头开始，认真学习，你会有进步的。如果你上课一不小心讲了'小话'，语文老师只提一下你的姓名而不批评你，你能马上改过来吗？"我看他面有难色，就说，"你不必急于回答我，什么时候能做到，什么时候再找我。"才过了半天，他又来到我面前，表示可以做到。

之后，我找语文老师诚恳交谈，把这个学生的情况和想法告诉了他，语文老师也意识到"差生"也需要理解、尊重和信任，意识到对"差生"的教育不能心急，当即表示与我配合，共同转化他。此后，语文老师经常给他"开小灶"，课堂上再也没有训斥他，他再也没有与老师发生冲突，上课讲闲话的毛病偶尔会发作，但只要老师一提名，他就立刻改正。

（武汉市徐东路学校，铁兰霞，《"问题学生"需要什么？》）

在这个案例中，班主任正确地处理了学生与科任教师之间的矛盾。我们可以看到，当语文老师转变态度后，学生的问题便轻而易举地解决了。

2. 家校配合

家长是孩子的第一任教师，如果没有不当的家庭教育，孩子通常不会出现明显的问题。因此，问题学生的彻底转化一定要寻求家庭的帮助。

多年以前，我遇到一个非常内向的小男孩，当时他才8岁，上二年级，脸上却带着与其年龄不相称的悲伤与冷漠。他成绩不好，从不多说话，但我发现他头脑很聪明。我想尽办法让他上课专心听讲，课后辅导，课堂提问，但他还是老样子，我几乎没有看到他笑过，我开始觉得他的坏成绩可能是其他因素造成的。在和他母亲聊过之后，我便不再"揪着"他不放了。特殊的家庭环境深深地伤害了他幼小的心灵，我无法改变他的生活环境，也无力改变他的性格。一个8岁的孩子整天担心被抛弃，每天要面对父亲的拳头、母亲的眼泪，我还能要求他安心学习吗？我再也没有因为学习而责怪过他，我偶尔会对他说："你的妈妈其实很爱你……"

10年过去了，那天我在路上看见他的母亲，知道他没读完中学就退学了，因为他整日担心母亲也像父亲一样抛弃他而无法安心上学。

（江苏省泗洪县重岗小学，潘茜银，《问题学生，爱不能助》）

这是一个让人惋惜的案例。学校教育不是万能的。如果不能改变家庭环境，如果不能让家庭配合学校工作，孩子的问题将无法得到根治。遇到特殊的家庭，我们不主张教师轻易放弃，因为这些家庭通常更需要教师的帮助。当然，如果家庭环境过于恶劣，教师还可以寻求关心下一代工作委员会和青少年教育保护办公室的帮助。毕竟孩子是社会的孩子，不是某个家庭的私有财产，任由一个孩子在一个黑暗的家庭中受折磨，也是一种犯罪。

3. 第三方调停

当冲突发生、当事人情绪失控时，我们应当尽量回避，这也是一条原则。

张老师是一位从教多年的老教师，有丰富的教学经验，常年在毕业班把关。经验丰富本来是她的优点，然而由于她过于自负，经验反而成了她与学生沟通的障碍。有一年，她接了一个基础较差的班级，班级学习风气也不太好。张老师便经常当众批评学生，说一些诸如"你们是我教过的最差的班级""老师教你们这个班很倒霉"之类的话。学生与教师逐渐产生对立情绪，而张老师不加重视，师生间的矛盾越来越大。

一次，张老师又当众批评几名未交作业的学生，批评了很长时间都不上课。其中一名学生有些恼羞成怒地说："张老师，你什么时候退休啊？"另一名学生附和说："张老师，你该回家了！"张老师一下子气得说不出话来，她转身走进办公室，发誓再也不去这个班级上课。

在这种情况下，班主任和其他老师只能出场，进行调停。班主任去班里批评教育那几个顶撞教师的学生。办公室其他教师则好言相劝张老师，希望她保持冷静，不要罢课，以继续上课为要。

在班主任把那两个学生叫到办公室给张老师赔礼道歉并且请她回去上课后，张老师顺势回了班级。

事后，班主任在班里开展了寻找老师优点的活动，学生们在班主任的引导下列出了张老师的诸多优点。班主任利用一次班会请张老师到班里聆听学生们对她的优点的概括。然后，班主任利用一次在一起吃饭的机会委婉地向张老师表达了要尊重学生、尽量少讽刺挖苦学生的建议。张老师愉快地接受了。

当自己陷入与学生矛盾的时候，我们主动寻求第三方的帮助至关重要。这个第三方可以是同事、领导，如果问题比较严重，校方也可出面。

当学生与家长发生矛盾时，教师亦可出面调停。作为第三方的调停者要力求公正客观，首先要设法使双方的情绪冷静下来，然后再陈述利害关系，晓之以理，动之以情，大多数的纷争都会解决。

要加以注意的是，第三方调停只是起一个辅助的作用，其目的是使当事人自己觉醒，并做出行为上的调整和改变。当构成矛盾的要素不再存在时，冲突自然就不会再发生了。

六、预防问题的发生

解决问题的最佳时机是问题发生之前。做好问题的预防工作,首先,教师和家长要了解学生,关注学生发展中的细节,从中看出问题发展的端倪,防患于未然;其次,教师和家长要时刻反省自己的言行,给学生提供一个良好的教育环境;再次,师生之间、亲子之间应保持良好的沟通,在沟通中建立信任,增进了解。

1. 关注与了解学生

高明的教师常常不是等到问题发生之后再去解决,而是未雨绸缪,把工作做在前面,当一些问题初露端倪的时候就及时采取措施,加以制止。小洞易补,大洞难堵,当问题发展到后期不可收拾的时候,我们往往付出百倍千倍的精力可能也无济于事。

学生在成长的过程中会碰到很多烦恼,遇到很多道坎。有些问题学生自己能够逐渐消化,不需要别人的帮助就可以越过那道坎。有些问题如果郁积在心里,不能排解,会积郁成疾。这个时候,教师一定要起到积极的作用。

教师如何做到把问题消解在萌芽阶段呢?这就需要我们对学生加以关注和了解。大多数时候,学生的问题都会有迹可寻,只要我们仔细观察,一定可以发现蛛丝马迹。

我班有个叫常俊的同学,是班级团支部书记。他有一定的组织管理能力,是我的得力助手。有一天,他把我拉到一边,神情既神秘又紧张,左顾右盼。我猜不出他想对我说些什么。他欲言又止,欲止又言,吞吞吐吐,含糊不清。我有些着急,略带火气地对他说:"有什么话你快点说!"他一边将眼向四周不停地眨,一边断断续续地说:"老师……我……错了。"我不知道他最近有什么错,催促他说:"你什么错了?说出来嘛!""我……在初中喜欢的一个女孩子……考到我们学校了。"他把声音压得很低,生怕旁人听到,我把耳朵凑到他的嘴边才能听清楚。我明白了他的意思,但我从来反对把对异性的好感当作错误。我大声说:"你错什么错啊?她考到我们学校你有什么错?"他用眼神和面部表情提示我不要这么大声说话。

我把他领到办公室,让他坐下来。定了一会,他说:"我现在看到她,心里老想着她。"望着眼前战战兢兢的常俊,我的心一下子沉重了起来。我为我们的教育而悲哀。我们的教育把人性给扭曲了。

我站了起来,把手轻轻地搭在他的肩膀上,想以此来消除他内心的紧张。然后,尽量亲切地对他说:"来,这边坐下。"他怯怯地在我身边坐了下来。我用深沉而略显缓慢的语调对他说:"你没有错,是我们的教育错了。对异性有爱意,绝没有错。'哪个少女不怀春?哪个少男不钟情?这是人性中的至真至纯……'"听了我的话,他睁大了眼睛,望着我,眼神里布满了怀疑。我继续对他说:"记得我曾经看过诗人舒婷给她儿子的一封信,说男孩如果到18岁还不能对异性有好感,那可能就有问题了。像你这个年龄对女孩有想法是正常的,没有才不正常呢。"他感觉我是真诚的,就对我发问道:"那影响读书怎么办?"我说:"有个叫任小艾的老师,她告诉她的学生,先把爱冷藏起来,放在心灵的一个角落。暂时别管它,用心读书,就会渐渐淡下去的。等到考上大学,人也更成熟了,再把它拿出来,让它解冻。"听了我的话,他使劲地点头,然后对我连说了几声谢谢,走了出办公室。

那以后,我和常俊有过多次交流。在我的关爱和疏导下,他安全地度过萌动的季节,以优异的成绩迈进了大学门槛。

(无为教师教育网)

在新闻媒体上,我们时常可以看到一些花季少年自杀的悲剧。可以想象,一个打算结束自己生命的少年会经受多大的心理折磨。从出现排解不了的困扰到后来压力越积越多,这应当有一个比较长的过程。在这一过程中,一方面,家长竟然浑然不知,直到悲剧发生之后整理孩子遗物,才了解孩子轻生的真实原因;另一方面,这些悲剧无一例外都与教师的教育有关,特别是那些过于强势的教师,很少考虑孩子的内心感受,在孩子已经出现严重问题的情况下依然毫无知觉，其言行不知不觉之中竟然成了导致悲剧发生的导火索。当最后家长与学校对簿公堂的时候，双方各执一词，似乎都是受害者，然后孩子的生命已逝，即便达成赔偿协议，又有何用？

很多学生之所以成为问题学生，其中一个很大的原因在于他们缺乏关注与引导。有些孩子在课堂上大吵大闹，只是为了吸引大家的注意；有些孩子选择错误的方式来处理矛盾，只是因为他们不知道还有更好的方式。教师如果在事情还未发生之时及时介入，就能有效地避免问题的发生。

2. 及时调整自己的行为

影响孩子发展的因素主要有两个——遗传与环境。遗传由基因决定，环境却可以改变。对孩子来说，成人的教育行为也是孩子成长的环境，而且是十分重要的环境。所以，时刻对自己的言行保持警醒，思考自己的言行是否有利于孩子的成长，是教育者必须时常提醒自己的。

不少父母在孩子成长过程中会有体罚的行为，比如打手心、打屁股，有些家长在情绪过激的时候还会说出恶毒伤人的话。日本一项新的研究发现，孩子在成长过程中，如果经常挨骂，非常有可能朝着家长骂的方向发展。也就是说，如果家长给孩子进行学前教育，而孩子在某方面表现不佳，家长很生气地骂孩子"笨"，并且多次重复，孩子长大之后可能真的会比较笨。根据追踪调查，经常挨骂的孩子，长大后的脑容量，会比同年龄人小1/10。

一项最新研究显示，小朋友要是常被责骂不聪明，长大以后真的会变得不聪明。脑部侧头叶，要是在成长过程中常受刺激，经常被骂笨，脑容量会比同龄人小 9.2%～9.9%，男性的比例更可怕，有人甚至缩水 1/6。

日本熊本大学教授友田明美说："（孩子）常受到精神压力，脑部发育很可能因此停止。"

所以，家长和教师切不可只是将注意力集中在孩子身上，而是要首先反省自己，问题是否首先出现在自己身上。

当孩子的问题行为正在发生时，教师要学会调整自己的心情，尽量用客观、公正、科学的态度分析问题，特别是当教育者自己身处其中时，更加要保持理智与冷静。要设想自己与此事无关，我只是被他们请来的顾问，大家都期盼着我来解决问题，希望我给他们以建议。俗语说，当局者迷，旁观者清，当成为一个旁观者时，我们自然会比较容易给出合理、正确的建议，然后用这些建议来调整自己，就会做出正确的判断和选择。

孩子的成长过程充满曲折，而一些家长总会自觉不自觉地与孩子发生很多摩擦。尤其是孩子进入青春期，开始第二次断乳，家长往往很难适应这种转变，这时候与孩子的矛盾尤为激烈。但是，有一位家长却从来没有被这些矛盾困扰过，事实上，她几乎没有感受到女儿青春期的叛逆。她是怎么做到的？让我们听听她是怎么说的："孩子的成长是一道最美好的风景，试着用欣赏的眼光去看她，无论是优秀还是平凡，无论是完美还是遗憾，都是生命的奇迹。"有了这样一种心态，教育怎么可能不成功呢？

当我们对一个孩子大声呵斥，要求他努力完成作业，而他第二天还是不能交作业时，我们该怎么办？

当我们剥夺孩子玩的权利，把孩子关在房间里，让他看书，他根本看不进去，我们该怎么办？

当我们对与我们对抗的学生愤怒批评时，他会怎么做呢？他会更加激烈地与我们对抗，我们又该怎么办？

调整我们自己的行为，这是唯一的选择。

3. 注重反馈与沟通

一位家长发现自己的孩子成绩急剧下降，并产生厌学情绪，对孩子加以观察，发现她与一名校外的男生过从甚密。于是，家长和她进行严肃的谈话，加以劝阻和告诫，并采取严密的监督措施，无奈效果不佳。孩子在叛逆的道路上越走越远，最后竟发展到逃学的地步。

于是，家长采取更为严厉的措施，甚至不惜以与女儿断绝关系相威胁，但没想到女儿毫不畏惧，甚至尝试离家出走，幸好家长比较警觉，及时找到了女儿。

事情已经发展到这一地步，可见前面的教育行为是无效甚至是错误的。没有别的办法，只能调整自己的行为。

要知道怎么做才是对的，必须首先知道孩子是怎么想的。在痛定思痛之后，家长终于决定放下架子，不再用一种批评和责备的口吻来说话，而是尝试让女儿理解他们。可是饱受打击的女儿已经近乎放弃，她用沉默来对抗父母。

这是最糟糕的情况，当沟通与交流停止时，任何不可预知的事情都会发生。一旦我们知道孩子在想什么，我们就可以找出适当的方式去满足他们，从而解决问题。

在专家的指导下，父母给女儿写了一封信，信中充满了父母的关爱和愧疚之情。这封信产生了效果，女儿给他们回了一封信，虽然并没有完全敞开心扉，但至少表达了部分内心的真实想法。这是一个好的开端，夫妇俩再接再厉，又接连给女儿写了几封信，终于知道了女儿厌学早恋的真实原因。

原来女儿初中毕业之后，父母通过关系把她送进一所重点中学学习。原本在初中处于班级中上的女儿，在高一的几次考试中都在班级垫底，而且自己感觉到学习的压力很大，无法适应重点中学紧张的学习气氛，而父母只是一味地告诫她要好好学习，他们花了很大的代价，不要辜负父母的期望等。在无法解决问题的情况下，她选择了放弃。

了解事实的父母选择了一个周末，把女儿及其交往的男同学请到一个茶坊，与他们做了推心置腹的交谈，交谈的结果十分圆满，两人均保证会控制分寸，不做出出格的事情。家长把孩子转到一所普通高中，女儿逐渐地从学习失败的情绪中走出来，重新展现出青春活力和对人生的热情。

在这个案例中，反馈与沟通可以说是问题解决的核心环节，逆转局势的是那几封给女儿的信。正是由于在信中建立了沟通与信任，才使得问题的最终解决朝着积极的方向发展。女儿与家庭决裂发生的可能性非常大，正是由于及时冷静的沟通才避免了两败俱伤的结果发生。

第三章

学习问题

无论学生还是成年人,当被布置了不恰当的任务时,他们通常都会表现出攻击性行为或者逃避的举动。这是学习问题产生的根源。教师应当从低年级学生抓起,一旦发现问题及时对症下药,培养学生良好的学习习惯。

本章将从学习动力不足、学习适应不良、马虎、拖延症和分心五个方面对学习中的问题学生进行探讨,分析这些问题的表现及形成原因,提出应对方法。

一、学习动力不足

1. 典型案例

学生宗××在地理期末测试时,于考场上睡着了,被监考老师抓住。下面是他写的检讨:

> 小学刚开始时我对学习还是比较有兴趣的,但学着学着觉得没有意思了,所以我开始对学习不感兴趣。心想我以前掉下那么多,基础没打好怎么学?一段时间后我又想,我不学习干什么呢?我又能干什么?于是又接着学。初一学习各门功课开始还算认真,可不久就被好玩的本性击倒了。到了初二学习物理,觉得物理对我有所用,特别是我对小发明

感兴趣（物理书上有关于小发明的内容），开始物理还能考个七八十分，物理老师也表扬了我，但到后面开始有了一些较繁的算式，我又不想学了。其实我是会的，但太繁，一不高兴又放弃了。对于副科我一开始就没打算认真学，觉得学了又没有用，对未来找工作不起多大作用，中考又不算分，所以我放弃了。我不知（现在开始认真学）能不能赶上，要是能赶上我一定认真学，要是不能赶上，我也无能为力了。

老师看到这份检查，十分郁闷，对于这样的学习没有动力甚至有一点厌学的学生，他花了很多时间和精力，但最终仍是这样的结果。老师不知道这样的学生是否能够教好。

2. 问题表现及原因分析

现在，学生学习动力不足是一个普遍的问题，严重一点的会发展到厌学的地步。说起厌学的学生，也许每个教育者脑海里就会出现这样的形象：

只要提到学习，学生就会出现烦躁的表情，上课时无精打采，要么走神，要么打瞌睡，或者干脆看课外书。做作业拖拖拉拉，速度很慢，别人都已经写了一小半了，他一支笔刚刚拿在手里，一个字都还没有写。如果老师批评他，他会收敛一些，在老师眼皮底下装模作样写一点东西。只要老师离开，他又恢复原样。作业要么交不上来，交上来也是潦潦草草，正确率很低。考试成绩一塌糊涂，卷子发下来，面对惨不忍睹的成绩，没有什么表情，根本不会去研究什么错题，把卷子往抽屉里一塞，又出去玩去了。

现在的学生相对以前的学生来说，生活条件比较好，普遍缺乏刻苦学习的意志力。曾经有人做过调查，在你是否"喜欢学习"的选项中，选择"是"的小学生只有 8.4%，初中生为 10.7%，而高中生则仅仅为 4.3%，可见厌学其实是学生中普遍存在的现象。

长期的学习动力不足乃至厌学，会导致很多问题，诸如逃学、结交社会朋友、迷恋网络甚至青少年暴力等。产生这些问题的原因很复杂，有社会原因，有家庭原因，有学校原因，也有学生本人的原因。

(1) 社会原因。我国人口众多，自古以来，便有"万般皆下品，唯有读书高"的说法。只有学习才有出路,"学而优则仕"。因此,读书升学,中考高考变成了大家趋之若鹜的唯一途径,成为"独木桥"。尽管教育界早就提出了"素质教育"的概念,但是整个社会环境还是一种应试的氛围。教委要求学校减负,但是对学校的考核仍旧以分数为重。也有学校刚开始不看重分数,但是高考成绩一公布,立马见分晓,不得不走回头路。现在的家庭普遍都是一个孩子,对教育又空前重视,教委屡次想杜绝择校之风,无奈家长根本不买账。

某地曾经有两所教学质量差不多的高中,一中和二中,历年高考成绩难分伯仲。某年,一中来了一个新校长,大力提倡素质教育,将周末的补课一律砍掉,副科全部开齐,并要求教师转变观念,要尊重学生的兴趣,发展学生的爱好和特长。学生学习感到很轻松愉悦,可是三年之后,一中高考成绩大滑坡,当年和二中同样水平的学生高考成绩被甩了一大截,于是那年高一新生的家长纷纷托关系往二中挤,一中招生分数线明显比二中低。学生生源一旦拉开差距,毕业成绩更是拉开差距,本来两所差不多的学校,竟是一所越来越好,一所越来越差。一中校长黯然离开。

在这样的背景下,学校只能开足马力,挖掘一切力量和可能的时间对学生进行轰炸式训练。与此同时,社会上的培训机构也是名目繁多,学生即使能在学校里"逃过一劫",不用周末去上课,社会上的培训班也是免不了。如此高强度的学习,没完没了,只有张没有弛,学生产生厌学情绪也就在所难免。

(2) 家庭原因。现代社会节奏快,家长们都忙着工作赚钱,对子女的教育常常被忽略。孩子身上出现的许多问题根源都在家庭。一些家长对孩子太过宠爱,比如某些隔代教育的孩子,由于老人太过纵容,常常唯我独尊,很难接受别人的教育,对学习也没有兴趣。一些家长则对孩子期望过高,孩子考90分,他要求考95分;孩子考95分,他要求考100分;孩子真的考了100分,他却说才考了一次,以后每次都要考100分。邻居的孩子报名学钢琴,他的孩子也要学钢琴;邻居的孩子报名学奥数,他也给孩子报名学奥数。家长对孩子期望值太高,孩子压力太大,一旦不能达到要求,便是斥责和打骂。个别家长甚至将全家的希望寄托在孩子身上,以孩子的学习为炫耀的资本,而根本不顾及孩子的心理感受,这两年屡次出现的所谓"神童"自杀事件便是这样的高强度家庭教育的结果。

还有一类情况是,家长对孩子很少关心和照顾。现在离婚率越来越高,单亲家庭越来越多。生活在不完整家庭中的孩子,心理和情绪会受到很大影响,导致学习时不能专心致志,注意力不集中,记忆力差,思维缓慢,学习跟不上。

(3)学校原因。现在,学校片面追求升学率已经成了普遍现象。一所重点高中的高三学生听说"十一"长假学校放满7天,非常高兴,等到拿到各科老师发下来的卷子,都傻眼了。原来长假7天他们要在家里做80套试卷!平均一天要做11套多。每一套试卷都是高考模拟卷,以平均一套试卷2小时算,已经接近24小时了。这样的长假对学生来说,不啻于一场灾难。

在一些地方,学校则根本没有长假的概念,学生一周只能有半天的休息,甚至有些学校一个月只放半天假。在这样的学校中,教师的任务就是督促学生学习、学习、再学习。一切与考试升学无关的活动全部停止。在这样压抑的环境中,教师的教学也失去了创造性,许多教师不动脑筋地把压力转嫁到学生身上,学生产生厌学情绪也就十分正常。

(4)学生原因。一方面,一些学生在早期教育中没有形成良好的学习习惯,在学习过程中时常碰到诸如考试失利、成绩不高、努力也不见效等挫折,再加上父母的训斥、教师的批评、同伴的嘲笑,学生根本体会不到学习的乐趣,长此以往,对学习也就不再感兴趣,成绩也越来越差,形成恶性循环。另一方面,过于优越的生活条件使得学生的意志力普遍薄弱,光怪陆离的社会生活使得许多学生分心,很多孩子沉溺于游戏、网络中不能自拔。一些学生也明确地跟老师说,我也想努力学习,可就是控制不了自己。本节典型案例中的宗××在其检查中,便暴露出如下原因:没有兴趣,基础没打好,贪玩,怕累,任性,嫌麻烦,觉得副科没用处、又不考试,不想学,缺乏信心。许多厌学的孩子都有类似的心理。

3. 专家建议

当我们自己不愿意做一件事情时，如果别人用强制的方法让我们做，我们只会感到痛苦，因为我们缺乏做这件事的动力。那么，学生为什么要学习？学生的学习动力来自哪里？通常来说，有以下几个方面：第一，家长的期望与要求；第二，家庭环境不佳，读书是唯一的出路；第三，从众，随波逐流；第四，喜欢某一个老师，因此喜欢这门学科；第五，为了得到某种奖赏；第六，兴趣爱好，以至于偏科；第七，养成习惯，习惯成自然；第八，产生了"高峰体验"，体验到了学习本身的乐趣。因此，培养学生的学习动力可以从以下几个方面进行。

(1) 欣赏学生。"赏识教育"的倡导者周弘说："我期望把孩子的人生当作跑道赛场，我们家长就是啦啦队员，永远高喊加油，高呼冲啊，怎么喊都不会错，发自肺腑，不要装模作样。我教育我的女儿，都是用大拇指，她干任何事我的大拇指都是晃来晃去的。"教师和家长在面对学习缺乏动力乃至于厌学的学生时，要改变一味批评的教育方式，而要努力寻找孩子的微小进步，对孩子的每一点努力和进步都给予肯定和表扬。要让孩子意识到，他通过努力完全可以取得好成绩，他是有能力学好的，老师和家长对他有信心。

(2) 永远期待。教师的期待常常能转化为一种力量。有一句话叫作"说你行，你就行，不行也行"。我们可以在许多老师的经历中得到印证。一位新接班的教师在和前任交接时，发生了一个误会。前任教师本来说张三学习十分有潜力，他误以为是李四，于是对李四充满期待，即使李四最初的表现不佳，他也时刻记得前任教师的评语。于是，李四果然慢慢地取得进步，慢慢地向着这门学科的优等生发展。教师的期待实际上是一种发展性评价，为学生勾勒出他未来可能达到的高度，并且发自内心地以这个标准来要求学生，即使过程出现反复也不改变，最终常常发生奇迹。

(3) 成功体验。上海市闸北八中在实践中总结出，"成功教育"是一种针对学习困难学生的有效教育方式。在新的班级形成后，教师对全班进行摸底，发现全班大部分初中新生只有小学四年级的水平，于是设计教学方案，放低起点，调慢进度。既然学生只有小学四年级的水平，教师就从四年级的内容开始教起，并且告诉学生，一周后测验，测验的内容就是课堂上讲的。一周之后，教师果然进行测验，大部分学生取得了从来没有得到过的好成绩。于是，学生的兴趣大增，对学习产生了兴趣，对自己也产生了信心。学生的学习动力很大程度上源自学习本身给他们带来的体验，如果这种体验是有趣的、有成就感的，那么，即使没有外在的力量，他们也会很有乐趣，并且充满期待地去学习。

（4）培养习惯。学生的学习习惯需要训练和培养。在家庭里，父母亲要为孩子制定合理的生活学习时间表，将每天起床、运动、吃饭、学习、游戏的时间安排好，并严格按照时间表去做。一位做教师的父亲曾经这样介绍他的教子经验："我的家庭教育环境很宽松，从小到大我都对儿子很民主，很尊重他的意见。但是，在他刚读小学一年级的时候，有一个学期的时间，我是十分强硬的。那个时候，我发现儿子学习的习惯很不好，在家里做作业要一边看电视，一边听音乐，还要一边吃零食，做做停停，跟他好好说还不听。于是，我立下规矩，要求他做作业时要聚精会神，一心不能二用，为此还打了他几次。几个月后，儿子养成了学习时集中注意力的好习惯，学习效率提高了，回家作业也能很快完成，他自己也尝到了甜头，学习成绩提高了，在学校也得到了老师的表扬。于是，我把儿子的教育重新移交给他的母亲，一直到儿子长大，他的学习再也没有让我操心过。"在学校里，教师也要重视培养学生的学习习惯，尤其是低年级，要花大力气对孩子的学习习惯进行培养，"磨刀不误砍柴工"，哪怕为此牺牲一些学习的进度也是值得的。

（5）树立榜样。榜样的力量是无穷的。班级里总有一些好学生，教师要善于树立典型，这比简单批评要有效得多。学生做作业不规范，教师可以在作业讲评中，重点表扬那些作业规范的同学，并且把他们的作业交给全班学生传阅，学生自然就知道了自己应该怎么做。在心理学上，这种做法叫作"正强化"。心理学家说，如果可以用正强化，那么尽量不要用惩罚。

除此之外，教师自己也要以身垂范，成为学生的榜样。有教师自己喜欢读书，经常推荐好的文章和好的图书给学生，学生读完之后和学生一起交流分享，学生自然就有了阅读的热情。教师备课认真，批改作业严谨，喉咙沙哑坚持上课，也会给学生很大的精神力量。

（6）制定目标。没有目标，人往往会迷失方向。在对孩子详细了解的基础上，教师和家长要为孩子制定目标。目标分为长期目标和近期目标。对于目标的完成情况要给予一定的奖惩。一个学习动力不足的孩子突然在某个学期发奋学习，从班级后几名一跃而成为期末考试的前五名，教师向家长道喜时才知道，家长给孩子提出，只要能考到班级前五名，寒假就带他去香港迪斯尼玩。孩子有了目标，产生了强大的动力，最终完成了"不可能完成的任务"。在目标的制订中，要和学生进行充分的沟通，目标必须得到学生本人的认可，在完成的过程中，也要随时根据学生的变化，做出相应调整。

（7）异质分组。有经验的教师常常会运用集体的力量帮助学习动力不足的学生。一种有效的做法是异质分组。例如：教师把全班学生按照学习成绩分成A、B、C、D、E、F六个等级，然后从每个等级里挑出一个学生编成一个组。这样每一个小组都有来自六个等级的学生，各小组实力比较均衡。教师开展小组间的学科竞赛，每一天的作业、每一次的测验都进行评分、比较，并进行小组排名。由于实力接近，这样的排名一定会充满悬念。小组内的学生一定会互帮互助，集体荣誉感会使每一个学生产生努力学习的动力。

（8）持续激励。教师和家长可以搜集一些励志故事，在学生遇到困难、产生懈怠情绪时，及时地给学生讲这些故事。在学生集体学习劲头低落的时候，开一些主题班会或者主题报告会，鼓舞学生的士气。有的时候，也可以换一种方法，看一场励志的演出，看一部励志的电影，也能收到同样效果。一位家长暑期带着读初中的孩子游历了北京大学、清华大学、复旦大学、上海交通大学，开学后孩子读书劲头十足。一位教师带着全班学生访问了工读学校，和那里的学生座谈，学生回来后很受刺激，在周记里纷纷表态，要珍惜来之不易的幸福学习环境。

（9）挫折教育。自江苏省淮安市的徐向阳创立"行走学校"以来，类似的学校或者培训机构在全国遍地开花。"行走学校"针对许多学习困难学生意志力薄弱、无法持之以恒的缺点，从部队训练战士的做法上得到启发，通过军事训练的方式纠正他们的毛病。长途拉练是其中最重要的一种方式。徐向阳有一句名言："一千里路定人生。"有很多孩子通过这样的艰苦训练，磨炼了意志，领悟了教官的苦心，产生了对以往生活方式的悔过之心，在重新投入学习之后，发生了翻天覆地的变化。在学校生活中，有教师通过和学生集体长跑的方式锻炼学生，有教师安排学生的周末远足活动，也取得了十分良好的效果。

（10）专业制胜。因为喜欢一位教师的课，而喜欢上这门学科是常见的事。网上曾经盛传历史教师袁腾飞的课堂教学视频，引起轰动。袁老师的历史知识十分丰富，他在课上嬉笑怒骂，信手拈来，把历史知识讲得妙趣横生。有许多学生本来对历史不感兴趣，但是自从上了他的课之后，竟然在考大学时把历史专业作为自己的第一志愿。这就是专业的力量。教师要努力把自己的课上得精彩，让学生爱听、爱学、充满上课的期待。

（11）以情感人。人都是有感情的动物，学生更是如此。许多时候，他们做事情并非凭理智，而是靠感情。有一位教师，只知一味地批评学生，结果把师生关系搞僵，学生纷纷倒戈。一次月考，该班的平均分竟然低于年级平均分 20 多分，班主任大惊失色，找学生干部了解情况，学生干部实话实说，我们大家商量好了，故意考得很差，让这个老师"下课"！好的老师通常都能在情感上取得学生的认同。师生关系如果十分和谐，学生考不好，甚至会觉得对不起老师。即使是为了老师，也要好好学习！因此，教师一定要善于在生活上、学习上关心帮助学生。当学生对教师有了感激之情时，他们一定会认真学习的。

二、学习适应不良

1. 典型案例

小铃,女,11岁,初中一年级学生,独生女。身高1.45米左右,体态正常,无重大躯体疾病历史,家族无精神疾病历史。父亲为职员,母亲为小学老师,均为大学文化,家庭基本和睦,无老人同住。小铃从小随父母生活,性格外向,多次参加幼儿园直属机关和区里的演出,还得过奖,从小备受周围人的关注,一直被家人和周围的长辈称为"小明星"。上小学后,担任少先队的大队文艺委员,经常参加学校的各类活动,表现出众,很受老师喜欢,父母也很是自豪,尤其是母亲经常向他人夸奖自己的孩子出众,孩子的所有获奖证书和表演照片都被她珍藏在一个箱子里。

小铃小学是在母亲执教的学校就读,并且一直担任班长,班主任很信任她,一些日常的班级管理工作都交给她。比如督察作业、清扫卫生、组织辩论赛、管理学校广播站等,她做得也极为出色;同学中谁有心事、谁和别人发生矛盾,也都会向她诉说,她都会帮人解决好。因此,她在同学中可以说一呼百应,威信极高。

小铃从小学考初中成绩一般,没有考取重点初中,父母利用关系把她送进了一所重点初中就读。父母本以为到了初中小铃可以继续自己辉煌的过去,可是"麻烦"接踵而来。

首先,小铃学习有些吃力。她总觉得不太适应初中老师较快的教学方式,开始时并未在意,觉得过一段时间就好了,可是考试分数却越来越低。

其次,小铃一直认为自己是个出类拔萃的人。她经常召集同学在课后一起活动,比如排演小品、去郊游等,希望班主任老师能注意自己的组织能力。班主任是位50多岁的特级教师,知道这些后,总是批评她太"浮",不安心学习,并未给予赞赏,反而要她向班级里的李××学习,并任命李××为班长。小铃觉得李××除了功课比自己好些,没什么能力,老师不关注能力出色的自己却任命比自己差很多的人为班长,有些失落。

接下来,因为功课越来越紧,同学们也都埋头于学习,很少响应她组织的课外活动,甚至有同学说她"多事"。她也觉得这些同学没什么能力,懒得和他们来往,自己在班级里也就没什么朋友,而自己的功课不但没有追上去,反而每况愈下。老师就学习问题已经多次找小铃谈话,她每次都希望得到老师器重,但每次谈完都觉得老师不理解自己。后来,父母给小铃请来家教,但她的学习仍然没有什么起色,渐渐地,她对学习也失去兴趣,认为自己在学习方面不会有什么出息。父母开始责怪小铃。有一次小铃回家晚了,父亲因劝诫无效而动手打了她,母亲也说对她失望至极,小铃越来越觉得自己一无是处,非常自卑。

2. 问题表现及原因分析

凡是生活、学习和工作环境发生重大改变,个体的心理、行为特征无法适应,出现异常,轻者造成自我迷茫、困惑、苦闷、迷失、烦躁、失眠或日夜颠倒,不善于与人交往,难以融入新环境,情绪不稳,冲动任性,会无故叫喊,无耐心,做事急匆匆,注意力不集中等;重者容易诱发各种心理障碍和心理疾患,甚至出现各种犯罪或自卑、自杀倾向。这种受环境改变影响,造成精神上的紧张、干扰,而使自己思想上、情感上和行为上发生了偏离社会生活规范轨道的现象称谓"适应不良综合征"。

要明确的是,学生学习适应不良不完全是智力的问题。有一些家长觉得很奇怪,自己的孩子刚刚上小学,智力正常,学习成绩却总不理想,心理学家认为,这主要是学习能力障碍作祟。学习能力障碍也是一种学习适应不良的表现。所谓学习能力,并不是人们认为的会写字、算术等技能,它是感知、认知、自控力、理解、记忆、操作能力等诸多能力的综合体现。它包括:

(1) 知觉—动作综合能力。能够将外界传入大脑的信息进行正确的综合分析并采取相应行动的能力。例如,能够全神贯注地听讲,看、听与文字表达内容相一致,而不是偏旁颠倒、写一半忘一半等。

（2）理解与记忆能力。不是机械学习课本内容，能将所学知识储存在大脑中。

（3）学习计划和控制能力。能够安排自己的学习计划，有自控力和自觉性，不是写作业拖拖拉拉，甚至不完成作业。

（4）学习操作能力。写作业时能手、眼、脑相协调，专心致志，而不是边写边玩，或极易受外界干扰等。

一旦被确诊为学习能力障碍，家长必须带孩子找专业的心理医生进行治疗。

学生从小学升入初中、初中升入高中或者高中升入大学，由于学习环境的改变，很可能发生学习适应不良综合征。学习适应不良大多是一惯性的心理失调，但由于直接地影响学习，使学业不良，如不及时调适，会导致休学、留级，甚至由厌学而辍学，拖延下去，严重的可发展为神经官能症，故必须及时予以调适，以确保这类学生人生的健康发展。

小铃的学习适应不良具有代表性和典型性。在小学升入初中以及初二的学生中常见，这时他们原有的适应机制发生改变，如小学的学习方法、在母亲工作的学校受到教师照顾等，而新的初中生自主学习机制尚未建立，又始终得不到新班主任的赏识与信任，于是导致学习适应不良。

与小学相比，中学生在学习活动的性质、内容和方法上，具有了许多新的特点。加上家庭教育与学校环境的影响，中学生，尤其是刚入学的初一新生，往往表现出种种不适应。如果学生在学习过程中不能根据学习内化环境变化采取积极措施，有效调节身心，很容易致使学业成绩和身心健康达不到应有的发展水平，就会出现学习适应问题。

中学阶段是个体间分化最为明显的时期。第一，由于在智力上逐渐成熟和学习风格逐渐定型，中学生的学习状况具有更鲜明的个别差异性，优、差分化日益扩大。一些智力水平较高、学习习惯较好的学生，在学习上表现得较为轻松，他们成绩好，深得教师的喜爱，人际关系也普遍良好；另一些学生的情况，则可能恰恰相反，他们在学习上比较吃力，很难取得好成绩，难以得到教师的喜爱。每个中学生——无论在初中还是在高中——都必须面对这种两极分化的现象，对自己在班级中的相关位置有相应的认同，这不但关系到学生的学习问题，还与他的个性发展有关，尤其是会影响到自我概念的健康发展。第二，中学生具有较大的可塑性，学习不好的学生可能会忽然在学习上突飞猛进，而本来学习很好的学生也可能出现大滑坡现象，这种变化使学生间的竞争关系相对不稳定，如果学生无法适应这种变化，就会造成心态上的失衡状态，不但影响自己的学习，还会给心理的健康发展造成阴影。因此，在这方面，教师一定要注意加强引导。

和小学相比，中学阶段相对复杂的学习任务要求学生充分发挥学习的主体性。中学教师不像小学教师那样管得细致入微、事必躬亲，而是相应地给学生一定的自主空间，这就要求中学生适度地转变自己的学习态度和学习方式，真正把学习看成是自己的事，变被动为主动，充分发挥主观能动性，以适应中学时期相对复杂的学习任务。在这一问题上，学生业已形成的学习风格会极大地影响到他们学习主动性的发挥。一般来说，服从型的学生会更难适应这一方面的转变。这一类学生习惯由教师和家长来安排学习的方方面面，而自己只是个被动的服从者和具体行动的执行者，当一旦要求他们自己做主时，他们就会感到无所适从，不知所措，产生强烈的不适应；他们不知道如何发挥自己的主体性，在学习方法上往往比较陈旧，甚至单纯依赖简单的机械学习来掌握知识，从而引起一系列的问题。对这一类型的学生，教师需要倍加关怀，多下功夫多给予指导。

教师指导的内容应涉及学生的学习态度、学习内容、学习方法。每一次升学，进入新的学校，都会首先面临一个新的学习环境，不仅仅是教室不同、教师不同、同学不同，更重要的是教学方法不同、学习方法不同。一般来说，小学教师抱着走，初中教师牵着走，高中教师看着走，大学老师则根本不管你走不走。这就要求学生不能延续上一学段的学习惯性，而应努力调整自己，以适应新学段的学习方式。

一位教师曾经对学习适应不良的学生讲过这样一个故事：

古时候有一个人，在家里熬一锅菜汤。熬得差不多了，他想试试咸淡是否合适，就用一把木勺舀了一勺汤出来尝。这人喝了一口，觉得很淡，就随手把装着剩汤的木勺放到一边，抓了一把盐撒到锅里。这时，锅里的汤已经加上盐了，而木勺里的汤还是原来的汤，他也不重新舀上一勺，又拿起原来的那勺汤来尝。尝过以后，他奇怪地摸了摸脑袋，又皱了皱眉头，自言自语地说："咦，明明加过盐了，这锅汤为什么还是这么淡呢？"于是这个人又抓了一把盐放进锅里，仍旧还是去尝勺里的汤。勺里的汤自然还是淡的，他就以为盐还是不够，于是又往锅里拼命加盐。就这样，木勺里的汤始终没有更换过，他也重复着尝一口汤、往锅里加一把盐的过程。一罐盐经他这么一折腾，已经见了底了，可他还挠着头皮，百思不得其解地想：今天真是活见鬼了，为什么盐都快要加完了，锅里的汤却还是咸不起来呢？

事物在不断地发展，如果我们始终以一成不变的态度去应对，就一定会出现问题。

3. 专家建议

学习适应不良通常发生在新生入学之后的一两年。许多学校非常重视新生的适应问题，在新学期的开学前都对新生集中进行一段时间的培训和辅导，以使他们初步感受新的学习生活方式。新生培训和辅导包括以下一些内容：

- 对入校新生进行集体心理讲座；
- 对有相同适应不良反应的学生进行团体咨询或个体辅导；
- 开展多种形式的心理健康教育宣传，进行新生心理健康状况测查；
- 开设相应的家长培训班。

作为起始年级的教师，肩负为学生设定道路、确定方向的责任，因此，尤其要花大力气在教学内容以外的方面对学生进行指导。

（1）创造良好的"第一印象"，稳定学生的情绪。教师初次与学生见面，要注意组织好语言，讲话时面部表情不要太严肃，要做到和蔼可亲，热情洋溢地向学生做自我介绍；语言要尽量具有亲和力、吸引学生、稳定学生紧张的情绪和紧张的心理，给学生一个良好的初步印象，让学生一开始就有点归属感。

(2) 培养良好的学习和行为习惯，重视学生非智力因素的发展。新学期一开始就应该扎扎实实地培养学生良好的学习习惯和行为习惯。所谓学习习惯，包括预习习惯、作业习惯、复习习惯、课外阅读习惯等，这些习惯学生都知道，也在做，但能否坚持、是否做到位就很难说了。比如，听课习惯绝不是简单地认真听课，还要做到注意力集中、思维积极、主动配合、认真笔记、善于归纳总结、当堂巩固所学的知识。如果能这样听课，效果肯定好。如果只是被动地做听话的学生，当一块海绵去吸水，效果肯定要打折扣。

(3) 关注学生的心理变化，调整学生的状态。教师要利用一切机会、一切场所和学生谈心，尽可能倾听学生的诉说。通过日记、周记以及家校联系，让学生将自己一周或最近的表现做自我评价，把内心的苦恼和困扰告诉老师，把对班级、对老师的要求反映出来，同时也了解学生在家庭的表现、家长的诉求等。

(4) 激发学生的学习热情。和孩子一起分析其自身的学习优势，分析新学段的学习特点，激发学生的学习兴趣，培养学生的学习自信心。最有效的手段就是组织学生参加喜闻乐见的活动，如演讲、表演等，扩大学生交往的范围，为学生提供表现自我的机会，引导学生超越自我。比如，课堂上有意识地安排自信心不足的同学到台前演讲，为孩子提供表现自我的机会，及时进行表扬、鼓励等。

一旦发现学生出现学习适应不良的症状，教师要及时冷静地进行分析，并制定对策，帮助学生渡过难关。

(1) 帮助学生进行自我认识。造成学习适应不良的原因是多方面的。学生一旦产生学习适应不良，首先要根据自己的情况，分析产生的原因。分析要比较客观，不能把责任都推卸到别人身上或客观环境中去。

(2) 指导学生调整人际关系。如果和父母关系紧张，要站在他们的角度来考虑，努力理解父母的苦心；如果和老师观点不一致，应想办法心平气和地向他们讲明你的想法，增进相互理解，使彼此间的感情融洽，切记不可粗鲁、顶撞；如果同学关系比较紧张，应凡事多从他人利益着想，自己有错主动承认、道歉，对同学的缺点也要给予宽容，平时多参加集体活动，多和同学交往，"化干戈为玉帛"。

（3）教会学生调整不良情绪。生活中没有十全十美的事，如果为某事不高兴或感到焦虑，则可以找朋友、亲人或老师一吐为快；如果长时间感到心情抑郁，可以参加一些大运动量的体育活动，如打篮球、踢足球、长跑等，使抑郁得以宣泄。长期积郁对自己、对他人都没有好处。

（4）改变学生不良个性特征。不良的个性会给学习成绩带来很大的影响，要想获得优异成绩，必须改变不良的个性。如果身体、心理上有疾病，要积极面对，在父母指导下合理就医，尽快回到健康、快乐的天地。

以上只是一些普遍的原则，在碰到具体个案时要有针对性地设计干预方案。

例如，有些孩子做作业习惯很差，原因是和老人住在一起，不能有效率地完成每天的作业。那么，教师就应该说服家长改变学生的学习环境，特别是作业环境。要克服困难，让孩子回到父母身边，与父母住在一起。

有些孩子自信心严重缺乏，教师和家长要寻找一切机会对学生进行暗示，诸如："你小学成绩很好，说明智力不差。""你只是暂时落后，一定会后来居上。"有老师在班会课上实施一种叫作"优点轰炸"的游戏，全班任意指定一人，然后大家开始轮流夸他，发掘其身上的优点。效果通常都十分好。

有些孩子没有掌握学习方法，教师和家长应注意对学生进行学习方法的指导，而不是简单地布置学生做题。

同时，教师也要注意改善自身的评价方法。小铃遇到的学习适应问题或多或少与班主任的评价有关。尽管这是一位特级教师，但是他对学生一成不变、先入为主的看法还是严重阻碍了小铃的发展。如果他能够注意到小铃在班级活动组织方面的特长，加以肯定和鼓励，同时进行适当的引导，小铃或许会焕发出新的精神面貌。

三、马虎

1. 典型案例

小亚是一个粗心大王,经常是本来不该答错的题却答错了,本来不该看错的题却看错了,本来不该写错的字却写错了。作业时常做错、漏做、计算符号看错,甚至做了前面半道题就以为结束了,后面半道题忘了做。妈妈规定她做1小时作业,她会不停地瞄时钟。要是动画片快开始了,她就更心不在焉。妈妈嘱咐她"再做20分钟去玩",她竟泡时间,20分钟写了一行字,还错了两个。平时这样倒也算了,临到考试也不改变。期终考试前妈妈检查她所有的作业,结果发现,在小亚做错的题目中至少有30%不是不会做,而是因为粗心。小亚的妈妈很苦恼,小亚做题要么磨蹭,要么直线向前,根本没想过还需要检查。她把检查工作全部留给家长和老师了。妈妈怎么提醒也没有用,十分苦恼。

2. 问题表现及原因分析

"马虎"一词在《现代汉语词典》中的解释是:草率;敷衍;疏忽大意;不细心。

经常听到家长抱怨自己的孩子马虎:

——我那孩子怎么那么马虎,明明是"3"抄成"5";

——我那孩子更厉害,眼睛紧盯着书上的"+"号,手上就是写"-"号;

——瞧瞧孩子作业本上的字,不是多一横,就是少一点;

——我那还是女孩子哪,也马虎,上学总是丢三落四,不是忘带书,就是忘带本,还得我给送去。

……

据统计,小学马虎的孩子居然高达70%。这说明马虎已是一个十分普遍的现象,是一个严重的问题,必须要引起教师和家长的注意。有些家长面对孩子的马虎常常自我安慰说,学习马虎是因为孩子还小,等孩子长大了,问题就自然消失了。事实上,学习马虎是典型的心理问题,它常伴随"注意力不集中、缺乏责任心、没有毅力"等一系列不良后果,而这将变成限制孩子未来发展的严重障碍。其实,不必等到未来,马虎现在就已经让很多孩子难以取得令人满意的学习成绩。对于一个个"小马虎"来说,出现在考试过程中本应答对的种种失误,不仅带给他们非常遗憾的分数和沮丧的心情,而且大大打击了他们学习的积极性。

"马虎"一词的来历:

传说在宋朝,京城汴梁有一个画家,此人画画很不认真,粗心得很。有一天,他画老虎,刚画完一个虎头,就听一个人说,请给我画一匹马,于是他就在虎头下面画了个马身子。那人说:"你画的是马还是老虎?"这位画家说:"管它呢,马马虎虎吧。""马虎"这个词就这么出现了。那位请他画马的人生气地说:"这么凑合哪行,我不要了。"于是生气地转身走了。可画家却不在意,还把这张画挂在自家的墙上了。他的大儿子问:"您画的是什么?"他漫不经心地回答:"是老虎。"二儿子问他:"您画的是什么?"他却随口说:"是马。"儿子们没见过老虎、真马,于是信以为真,并牢牢地记在脑子里。有一天,大儿子到城外打猎,遇到一匹好马,误以为是老虎,上去一箭就把它射死了,画家只好给马的主人赔偿损失。他的二儿子在野外碰上老虎,却以为是匹马,迎过去要骑它,结果被老虎咬死了。画家痛心极了,痛恨自己办事不认真、太马虎,生气地把那幅虎头马身子的画给烧了。为了让后人吸取教训,他沉痛地写了一首打油诗:"马虎图,马虎图,似马又似虎。大儿仿图射死了马,二儿仿图喂了虎。草堂焚毁马虎图,奉劝诸君莫学吾。"

我们来分析一下孩子学习马虎的具体表现:

(1)上课时的表现:东张西望、不注意听老师讲课;心不在焉,对老师讲的内容不感兴趣;做小动作,注意力分散……孩子上课时的表现老师最有体会,也了解得最清楚,这样的表现破坏了孩子学习中听与想的环节,影响孩子对所学知识的理解,同时也影响孩子良好心理素质的形成,最直观的影响是孩子的作业错误很多，考试成绩不理想。

（2）写作业时的表现：快下课时慌慌张张，没看清或没听清老师布置的家庭作业，出现丢字丢题的现象，回家时作业完成得不够完整；做作业时想着其他的事情，作业字迹潦草、有差错；在家边写作业边看电视，不注意检查；赶作业，一口气写几天的作业，不求质量，也不讲效果……爸爸妈妈们对孩子做作业时的马虎感受最深，经常听见爸爸妈妈为此对孩子发脾气抱怨。老师布置孩子做作业的目的，是给他们一个复习和理解所学知识的过程，这个环节如果忽视，会影响到孩子对所学知识的掌握。

（3）考试时的表现：慌张，不看清题目就做；紧张，试卷上不是忘了写就是写错；只做了前两页，少做了一页或者几道题；简单的题目不是没写答案就是少个小数点；考试的时候漫不经心……考试时马虎的孩子，事后拿到考卷时大多很懊悔、自责，面对不该扣的分数感到有点冤，也有的孩子对此感到无所谓，不就是马虎吗？又不是自己不会，以后认真点不就成了。

（4）其他有关学习活动的表现：上学时忘记带课本、铅笔盒等东西；读课文时不专心，把很熟悉的字读错；放学时匆匆忙忙，没有收拾好书包就回家，结果把作业落在教室里……有的孩子学风不严谨，上课、做作业不认真；看书、读课文也不认真；整理书包，准备学习用具还不认真，这些孩子的口头禅就是："差不多、就这样吧。"因而引起学习上的马虎、粗心。

马虎是有原因的：

（1）性格浮躁。有的孩子天生就好动，走起路来都是脚踢石块，手抡书包，不是书被甩出去了，就是铅笔盒丢了；还有的孩子一看到老师布置的作业比较多就急，看到难题急，看到时间晚了也着急，这种好动浮躁的性格造成了孩子学习马虎的现象。

（2）习惯不佳。有的孩子做作业时不想好就匆忙下笔；回答老师的提问时没仔细想好就仓促应答；还有的孩子不爱看书、不爱动笔、不爱朗读，做事半途而废；有的孩子遇到问题总是想依靠别人，人云亦云，不愿动脑子想问题，没有自己的意见，思维独立性差。

（3）注意力不集中。有的学生平时学习总是无法集中注意力，漫不经心、丢三落四，长此下去，就会形成恶性循环，形成马虎的毛病；还有的学生在做一件事的时候，还想着其他的事情，因而常出现丢三落四的现象。

(4) 家庭教育方式有偏差。小时候，如果家长不注重对孩子独立性的培养，而是自己亲自动手为其准备好一切，那么孩子便很少有机会对自己的事情负责，什么也不用考虑，马虎的行为习惯就容易形成。

(5) 认知能力有障碍。有些孩子对6和9、p和q、b和d等数字和字母分不清，这是视觉方向感方面的问题。还有一些孩子刚刚看过一本自己喜欢的书，书中的部分内容和作者是谁等问题就想不起来了，这种边学边忘记的现象，是短时记忆方面的问题……

许多家长对孩子的马虎问题深恶痛绝，想了很多办法，孩子自己也相当重视，可是马虎的毛病依然克服不了。这是因为对马虎的认知有一些误区。对于一部分孩子来说，不是他们学习不努力，而是学习能力发展不平衡。一部分孩子的马虎是因为性格、习惯等因素，还有相当一部分孩子之所以马虎是因为对所做的功课不熟练。有研究表明，如果对习题特别生疏反而不易马虎，特别熟练时也不易马虎，只有半生不熟的情况下才容易出现马虎现象。乍一看挺简单，思想上麻痹了，就容易出错。

3. 专家建议

几乎所有容易出现马虎现象的同学，都不同程度地受到过不良心理暗示，如"对于我的马虎行为，大人们是乐于接纳的"。因此，家长和教师对于学生的马虎行为绝不可听之任之，或者认为是一个小问题。如果不认真对待，孩子成年之后仍然会马马虎虎、大大咧咧、嘻嘻哈哈，成为一个"马大哈"。

对于如何纠正孩子马虎的毛病，家长首先要解决自己对孩子的大包大揽。有些家长总怕孩子做错题，得不到高分，于是天天给孩子检查作业。这样做便孩子养成了依赖心理，反正错了妈妈能检查出来，所以做题时马马虎虎。家长不要给孩子检查作业，要让孩子养成自检的习惯。错了又没检查出来，就让他不及格，这样他才能认识到马虎的危害。有了自检的能力，马虎的毛病才能克服。

对于孩子不愿意学习的科目，家长要寻找孩子对学习不感兴趣的原因，再对症下药，制订一个合理有度的学习计划。目标不可太高太大，要让孩子跳一跳就能摘到桃子，激发起孩子的上进欲望。家长无论工作多忙，家务如何多，也要抽出时间和孩子一起学习、观察、讨论、交流心得，使孩子感受到学习之趣，激发孩子的学习情绪，增强学习兴趣。

此外，还可以通过一些兴趣爱好的练习培养孩子严谨的品质，如通过画画、练书法、下棋、学乐器等训练他们，使其逐步养成精细、审慎、耐心的态度和习惯。

对于教师来说，有意识地对学生进行有针对性的训练和要求也是很有必要的。

（1）让学生准备"错题本"。要求每一个学生把每次作业中做错的题抄在"错题本"上，写下自己错误的答案，进行订正。更重要的是对自己的错误进行分析，写出错误的原因。错误的原因必须具体，不可简单地写"粗心""算错了"等话语，而要写清楚是什么地方粗心，什么地方看错了。不论数学、语文还是其他学科，都准备一本单独的错题本，并且像记日记一样及时添加。日积月累，就形成了一个错误"档案"，学生在复习的时候拿出来从头到尾仔细看一遍，有助于克服粗心的毛病。

（2）从日常小事做起。平时认认真真对待每一件事、每一天，力争把每一件事情都做好。坚持下去，从而克服自己遇事急躁、慌张的毛病，最终取得良好效果。有不少孩子马虎是从打草稿开始的，草稿非常潦草，誊写的时候易看错，或者打草稿随心所欲，自己刚刚写在草稿纸上的计算过程就找不到了。教师要教育学生草稿不要太草，要严肃认真。

（3）不要依赖橡皮、修正液、修正带等物品。橡皮是造成马虎的一个根源，反正错了可以擦，于是错了擦，擦了错，孩子不在乎。到了中学之后，学生使用的是圆珠笔、水笔，写错了还可以用修正液或修正带。教师应当限制孩子使用这些物品，错了不许擦或者涂改，而必须在旁边重写，这样孩子就会认真一点。"三思而后行"，想好了再做，争取一次做对。要知道，正式的考试，如中考和高考都是不能使用修正液、修正带的。如果平时不养成习惯，到时候怎么办？

（4）学会检查。检查错误是需要训练的。很多孩子有这样的经验：考试题提前做完了，检查一遍，什么错误都没有发现，成绩出来之后，却发现错了很多。为什么有错误检查不出来？这是平时做完了没有检查习惯的结果。不要让孩子养成做完题之后给家长或者老师看一下的依赖心理，要培养他们自我管理和自我学习的能力。即使教师发现错误，也不要直接指出，而要采取暗示和提醒的方式，让学生自己发现错误。只有学会检查，马虎的毛病才能克服。

（5）自我暗示疗法。可以采用自问自答的方法检查、督促自己，约束自己。例如，在做作业的时候经常问自己："认真思考了吗？仔细检查了吗？"当发现自己又犯了马虎的错误时，马上把马虎的原因用笔记下来，平时多看几遍，或是警告自己，并在心里默念："别人都不马虎，为什么我马虎呢？一个马虎的人是成就不了大事业的。马虎并不是我的专利，它控制不了我，我一定能战胜它。"

（6）厌恶疗法。当学生经常犯马虎的毛病时，可以和他们商量自己给自己一些适当的惩罚行为。例如，可以手腕上套橡皮筋，每马虎一次，自己拉几次橡皮筋，会有疼痛感。几次之后，一做作业就会想到不认真就要手腕疼，这样逐渐改掉坏毛病。同时，也可在认真做作业后，给自己奖赏，如做自己喜欢的事。

（7）相互检查。让孩子相互检查作业，他们会很感兴趣，也会特别仔细。学生当中马虎的毛病大同小异，当检查到别人马虎的错误时，对自己也是一种警醒。

四、拖延症

1. 典型案例

小丽从上学开始一直到高三毕业，读书的状态一直就不能调整到最好。在学校里,她和同学一起学习,也能完成老师布置的任务,精神状态尚属不错,可回了家,吃了晚饭之后,明明不是很累,却懒得行动。要么躺在沙发上看电视,要么躺床上看书。即使是在父母把电脑和电视锁起来的时候,她也常常在家里各个房间走来走去,明明知道学习很重要,可就是无法下决心开始。在高三最后紧张的复习期间,小丽回到家之后书包甚至很少打开过,最后的结果当然很不理想:她只考上了一所三流大学,还是专科。

工作之后,小丽这种拖拉的状态依然如故,即使她已经很强烈地意识到自身的问题,但想了很久的事情还是拖着不动。每天早上醒来的时候,她想到自己又虚度了一个晚上,懊悔万分,连起床上班的心情都没有了。白天下了无数决心的她,一吃完晚饭,又故态萌发,大脑处于短路状态,无论多紧迫的事情,都变得不重要了。她只想躺着,看无聊的电视,白天的雄心壮志灰飞烟灭,战胜恶习的方法技巧无处施展,她睡觉了,工作任务置之不理,就这样周而复始,恶性循环。

2. 问题表现及原因分析

每个人都有过做事拖延的时候。"总是要等到睡觉前,才知道功课只做了一点点;总是要等到考试后,才知道该念的书都还没有念……"罗大佑的《童年》叙述的就是典型的拖延症状;我们小时候所熟知的《明日歌》也说:"明日复明日,明日何其多。我生待明日,万事成蹉跎。"可见,拖延不是个别现象,而是一种普遍的行为。漫长的暑假开始了,有多少学生是按照老师规定的进度完成作业的?即使不是大多数,也是有相当数量的孩子直到还有一个星期甚至更短的时间要开学了,才急着赶作业。美国芝加哥德保尔大学心理系副教授约瑟夫·费拉里发布的一项调查结果显示,人人都有点"拖延症",其中,20%的成年人是患上了真正的拖延症。

所谓拖延,就是缺乏对自我的管理,从情绪到时间。从行为心理学的角度出发,美国南康涅狄格州立大学的心理系教授詹姆斯·马则认为,拖延是"与自我控制对立的冲动"的特殊形式。他还发现,当需要在两个任务之间做出选择时，研究对象往往宁愿选择不太紧急的那一个，虽然那项任务更繁重，但拖延更有愉悦感。

有这样一个小故事：

一群男孩总是喜欢到某处草坪踢球，草坪的主人屡屡劝阻无效，于是想出一个办法。他对男孩们说："如果你们每天来踢球，我愿意给每人每天一块钱。"男孩们欣然同意。第二日，主人说："以后，我只能给你们五毛钱。"男孩们勉强接受。第三天，主人不再发钱，男孩们悻悻离开："以后谁还愿来这儿踢球呢？"

从精神分析的角度看，这则故事寓含了一种普遍现象：即使与之前的意愿相符，个体也会对强加的要求有逃避的倾向。为获得自主的控制感，对外来的任务采取拖延回避，不失为便捷的途径。

更何况，有时拖延甚至是被鼓励的。"外在的环境对我有一个要求，而我会有自己的想法，做事时会推迟。在成长的过程中，渐渐形成了对拖延的愉悦感，到后来形成了习惯，若不拖延还会有焦躁等负面感受。"在接受开放式访谈的过程中，大部分拖延者会提到相似的经历：拖延并不曾真正带来危害，赶在最后一刻抢闸完成了任务，同时满足了虚荣心——只用很短的时间却能取得不错、甚至比别人好的结果。无形中，"自己最适合短期高压的工作状态"的心理得到强化，并对今后的工作产生暗示。如此周而复始，反复循环。

安吉拉是哥伦比亚大学组织心理学系的教授，在《对拖延的再思考：态度和行为中"积极拖延"的正面效果》一文中，她将拖延区分成两种状态：消极拖延和积极拖延，相比之下，后者往往更喜欢在压力下工作，这样他们可以做出更深思熟虑的决定，并更及时地实行。

"时间紧迫往往逼得我才思泉涌。"网络知名写手柏邦妮曾在博客中记录了她的 次紧张经历：7小时的编前会后，分秒必争地赶回家，编辑们全体都在等她的封面文章，而她趴在电脑前一口气写了5000字才作罢。

除了焦虑和逃避控制，常与拖延联系起来的，还有完美主义。费拉里教授认为，某些拖延行为并非拖延者缺乏能力或不够努力，而是某种形式的完美主义或求全观念的反映，他们共同的心声是"多给我一些时间，我可以做得更好"。

当被问及为何拖延时，很多人回答说：因为我太懒了。但是，即使是最严重的拖延症患者，在生活的某些方面，比如运动、阅读、音乐等，他们完全不会拖延。因此，懒惰、无条理不是拖延的原因。根据马丁博士积极心理学的观点，人体、人性都是自我修复、自我保护的系统，都有积极向上的潜能，没有人愿意把自己弄得一团糟。所以，事实上，拖延是一种自我防卫的结果。防卫什么呢？防卫内在的恐惧。马丁博士认为：

（1）我们最严厉的批评者，就是我们自己。最不能认同我们错误的，就是我们自己。而且，多数时候，我们容易犯错误，把我们所做的事，等同于我们自己。比如说，我们把某件事搞砸了，我们心里想的不是我这件事做得糟透了，而是我这个人糟透了，我真差劲。

（2）拖延有时得到了鼓励。拖延的结果并不总是很差，有时因为拖延，我们反而阴错阳差做得比较好；有时因为拖延，别人称赞我们的小聪明和高效率；拖延后，在最后期限过去时，那种如释重负的感觉，不消说，无形中也是我们非常享受的。和其他好的或是不好的习惯一样，在一次次类似的鼓励下，我们才逐渐养成了拖延的习惯，强化了拖延的习惯。

（3）有时因为憎恨，我们拖延。比如，我们讨厌某个老师，那么就可能对他所布置的任务消极怠工，作为消极反抗的一种形式。

（4）拖延也经常是因为对失败的恐惧。我们是完美主义者，我们容不得自己失败，我们害怕接受失败，所以我们谨小慎微，如履薄冰，不愿意轻易开始，就一点点不停地拖延。

（5）拖延有时也是因为对成功的恐惧。这里，对成功的恐惧指的是，比如跳高，我们跳过了1米3，那么往下的目标就得是1米4、1米5，不停往上升，越来越难。所以无形中，我们拖延着跳过1米3，因为怕成功之后要面对更艰难的挑战。事实上，这个也可以归结为对失败的恐惧，因为更艰难的挑战意味着失败的可能性更大。

3. 专家建议

拖延的症状是如此普遍又难以治愈，而对拖延的看法则始终存在分歧。西南大学心理学院郑涌教授表示，国外对"拖延"的研究也只是近一二十年的事情，国内则一直缺乏这方面的研究。关于"拖延"的界定，一直没有一个研究者普遍接受的定义，也从未形成一个全面的理论，但拖延无时不在。

克服拖延的办法大体有两个思路：一是外在的压力；二是内部的动力。本案例中的小丽存在严重的拖延现象，然而，在学校的学习生活中，她还是能够跟上同学和老师的节奏，顺利地完成学习任务，只有在独处的时候不能很好地安排自己的学习和工作。因此，彻底治疗拖延需要学生有非常强大的精神动力，和自己的惰性做抗争。以下一些措施可以使克服的过程变得更加容易一些。

（1）分解任务。如果我们这样布置暑假作业，写 50 篇日记，那么学生会惊呼："50 篇？太多了！"但是，如果我们换一种方法：每天写一篇日记，那么学生会觉得可以接受。因此，将任务分解，使得完成每一个小任务的难度大大降低，聚沙成塔，积少成多，就可以有效地避免拖延的发生。有一个小孩子跟爸爸一起走进车库准备清扫这个地方。扳手、废油、用过的汽车零件到处都是，一个旧冰箱，一个破损的电视，还有一堆其他没用的废物。小孩子不知道如何下手，看起来这是个永远不能完成的任务。爸爸很快走过来告诉他："这里没有什么要紧的事情，没有什么要求，我们只需要每次做一点，然后看看我们都做完了什么。我们从地板开始，然后是那些放东西的抽屉，最后是其他越来越麻烦的事情，这样，直到午夜，我们终于完成了。我们的车库前所未有的干净。"把任务分解，不仅是一种做事情的技术方法学，也是为人父母和激励人的方法学。

（2）给出理由。如果我们给孩子的信息是"你必须做这个事情"，而不跟他解释理由，那么，拖延就很有可能发生。如果有什么事情是你感觉"必须"要做的，那么你会不由自主地产生一种消极抵触的情绪，当你感到"被迫"要去做什么事情时，你自然会产生这种情绪。这将会导致一些严重的拖拉问题，它大部分发生在学习和工作问题上。解决这个问题的办法是将"必须做"的思想倾向转变成"想要做"。事实上，很多时候我们做一件事或者不做一件事，需要的仅仅是一个理由而已。如果这个理由能够说服别人或者自己，愿望可能就变成了事实。让学生完成任务的理由很多，也很简单，"你完全可以做到。""老师相信你！"甚至，一个肯定的眼神、一个隐蔽的微笑，都能成为激励孩子行动的原因。

(3) 开拓思路。导致拖延的一个常见的原因是没有主意，特别是处理某些需要创造性想法的任务。我们每个人都有思路卡壳和畅通的时候，这真是很常见。例如，长时间地思考一道几何题的证法，却毫无思路；面对一篇命题作文的题目，却不知从何下笔。如果思路堵塞的时间太长，拖延就会发生。此时，我们需要做的是脑力激荡。出去走走，清理一下思想，注意观察和分析我们看到和碰到的任何事情。拿着笔和本子，开始描述我们看到的东西。不要挑剔，写下哪怕是最荒唐的主意，只要是我们想到的，也许突然间，一个绝妙的想法会蹦出来。很多学生在恍然大悟之后会感慨地说，我的脑筋突然"锈住"了。在长时间地陷入思维误区的时候，改变一下情境，放松一下心情，你会有豁然开朗的感觉。

(4) 限定时间。每一个教师都会有这样的经验：某一次布置的任务比较重，担心学生一天无法完成，于是就同意两天或者三天之后再收作业。可是，时限宽松了，学生的任务不一定完成得更好。许多学生在之前的两天几乎毫无进展，直到最后一天，意识到第二天要交作业了，才赶忙完成。因此，如果没有分阶段的任务，只是笼统地给一个期限，教师常常会失望。

很多人拖延是因为他们有太多的时间，所以就可以把事情推拖到下一小时，下一天，甚至是下一周。因此，教师可以直接拿起一个闹钟走进教室，设定在 10 分钟、20 分钟或者 30 分钟完成一项指定的任务。要确保时间充足，而对大多数人来说，又不能留太多的余地。这样的做法效率往往惊人。即使是最严重的拖延症患者，也常常会集中注意力，在规定时间内完成任务。

(5) 清静环境。在完成学习任务的时候，教师和家长要为学生创造清静的环境。例如，保证自习课的纪律，要求学生在做作业时养成好的坐姿，不允许听音乐，不允许看电视。要知道，任何能够插入你和你计划要完成的事情中间的事情都会中断你现有的活动，导致拖延的产生。所以，我们最好通过消除任何可能导致学生突然中止学习的干扰因素来避免这种情况的发生。

（6）克服完美。由于完美主义通常是导致拖延产生的因素之一，因此，我们还应当引导学生克服完美主义的倾向。努力把事情做到最好是人的天性，但是有时候沿着这条思路我们会产生反应过度的企图，变成完美主义者。在一项任务开始前，我们就想着要把事情做得完美无缺，但这会需要很多的工作，最终导致很大的压力，于是就导致了拖延。没有完美的人和事物，认识到这一点很重要。正是因为这不完美才让我们周围这个世界变得如此美丽，如此各具特色。告诉完美主义者，今天完成的不完美的工作远优于无限期拖延的完美的工作。

对于那些严重的拖延行为，我们可能需要更深地介入。首先，我们要告诉学生，让他们意识到自己的拖延行为是完全没有必要的，拖延给自己带来了最严重的危害；其次，正视学生的拖延行为，拿出一张纸，要求他们把拖延的原因一条条写出来；然后，和学生一起，探讨如何一条条克服、具体做法是什么、如何保证；最后，开始行动，并加以鼓励。

五、分心

1. 典型案例

小坤，男，12岁，五年级学生，人看起来很机灵，表达能力很强，讲故事、说笑话，无一不能，因此讨人喜欢，大家都夸他聪明可爱。可是一进入学习状态，就像换了个人似的。上课、做作业时小动作太多，注意力不能集中，经常溜号开小差。要么玩手指、铅笔，要么讲闲话。家庭作业比其他孩子多用三倍以上时间，而且必须有专人督促指导。常常丢三落四，上课时发现课本忘在家里了；做数学题不是抄错数字就是写错了答案；自习课总是借口上厕所、喝水等离开座位，不能长久地保持学习状态。学习成绩中等偏下。

2. 问题表现及原因分析

学习"分心"主要是指学生在学习过程中较频繁发生的注意力离开学习活动内容的走神现象。学习分心的发生情况很普遍，几乎每一节课都会有学生上课开小差。所有学生都聚精会神听讲，只是教师的一种主观良好愿望，也是一节好课的理想状态。

造成学生学习分心的原因比较多，学习环境是其中不可忽视的一种。我们都知道"春眠不觉晓"，在春夏季的下午，教师在上课过程中会发现学生的学习状态一定不够理想，一旦教师的教学节奏缓慢、不够吸引学生，学生打瞌睡、开小差的现象就会蔓延。此外，如果教室或家庭的学习环境不理想，也会造成学生学习分心。日本政府 2000 年发表的一项调查指出，接近 1/3 的日本小学及初中学生认为，由于课室内情况混乱，他们难以集中精神学习。试想，如果一个学生回家之后发现家长在打麻将，他会在旁边的课桌上专心做功课吗？很难！

除了客观因素之外，个人的主观因素也是必须要加以分析的。

一种可能的原因来自学生身体内部的病理刺激，如学习时出现寒冷、口渴、饥饿、头疼、困倦、胃肠道不适，或者由于疲劳使得大脑运行缓慢等；另一种可能的原因是学生对学习没有兴趣，缺乏克服困难的意志力等。

从心理学的角度，学生的分心行为还有另外三个原因。

有些学生上课分心的主要原因是思维加工系统不完整。完整的思维加工系统应是拥有丰富的陈述性知识、正确的由陈述性知识转化而来的程序性知识、随时监控自己思维的策略性知识。那种在课堂上无法执行意志行为的学生，和具有高效执行意志行为效能的学生相比，由于他们的意志没有得到潜意识状态下可执行的程序性知识的支持，所以在实现主观意志的时候，他们只有强烈愿望而不能下意识地去做他们本来想做的事。这种潜在于潜意识当中的监督、调控思路方向与方法的程序性知识,就是我们的策略性知识。意识必须通过认知策略性知识才能行使其职能,因此,设计有效的程序性知识并且使其自动实现为有效行为就显得尤为关键,即把一个抗拒"分心"的程序性知识,在潜意识状态下,与学生听课"分心"时的情境建构在一起,并且经过多次练习,达到条件化自动实现的水平。当上课或练习过程中"分心"现象出现时,这一程序性知识便会自动执行"挤走""分心"程序性知识和其他有趣知识的使命,使课堂学习正常进行。

本案例中小坤的分心行为就属于这种情况。小坤在做作业时表现为没有正确的程序,正确的做作业程序应该是先看书,复习陈述性知识;然后做相应的习题,使陈述性知识转化为程序性知识;之后再看书,巩固陈述性知识。小坤总是直接做作业,做完就不再想与学习有关的任何事情,缺少复习陈述性知识这个程序,导致在做题时不能迅速地从大脑中提取陈述性知识,使解题思维运行受阻,影响解题速度,打击了他解题的信心。所以,他开始选择逃避学习,表现出如倒水、上厕所、吃东西等行为,长期如此,在大脑中形成了一到做作业的情境,就总是出现想喝水、吃东西等错误的程序性知识。在做作业过程中,他从来不会反思自己的行为,"这样做对吗?可以吗?"从而导致错误的程序一直在运行。

有些学生的分心现象是一种潜意识强迫分心。有这样一个故事:

村里来了一个奇特的老人,他点燃了一把火,并且用一根棍子在碗里不停地搅拌,竟然从碗中掉出金块来,老人说这就是炼金术。村长请求老人告诉他们秘诀。老人答应了,说:"不过在炼金的过程中,千万不可以想树上的猴子,否则就炼不出金块来。"等老人走了以后,村长就开始炼金,他一直告诉自己,不可以想树上的猴子,可是越不想,偏偏猴子越是不断浮现在他的脑海中。他只好交给另一个人,并一再叮咛不可想树上的猴子。就这样,全村的人都试过了,却没有一人能炼出金子,因为树上的猴子,总是会从他们心中跑出来。

提醒自己不要想,实际上就是暗示自己去想,于是就形成了一种强迫症。一些学生提醒自己不要分心,可实际上已经分心。许多人为此痛苦不堪,长期努力改掉这一毛病而不能遂愿;有的人甚至为此惩罚自己,还是难以明显奏效。

还有一些学生的分心主要受到情绪的影响,积极情绪和消极情绪对学习状态的影响会形成巨大反差。积极情绪有促进程序性知识运行的明显作用,消极情绪则有干扰和阻碍其运行的明显作用。例如,一个一贯努力学习的学生,由于某种原因获得一见到数学就兴奋不已的情绪反应,头脑中有关知识会自动浮现,思路清晰,问题往往迎刃而解。相反,另一个学生在大脑中形成了解数学题时心烦意乱的反应,在这种情绪下,其大脑处于低能状态,学过的知识不能自动清晰地浮现出来,思维过程时时停顿,阻碍顿悟的实现和正确解出数学题。所以,不同的情绪状态是决定哪个程序性知识能够优先执行的动力或保证性条件。

另外,如果父母、老师的教育方式有不适合的地方,又将进一步加重学生的消极情绪,从而导致学习低效或学习不能进行下去。长此以往,学生在学习过程中往往被一些熟悉、优势的知识插入进来而停止学习,去做一些与学习无关的事情,如发呆、做白日梦、玩文具等,因而在学习过程中形成潜意识的逃避、分心等学习行为障碍,最终发展成为一种"习得性无助"。"习得性无助"是1967年由塞里格曼等经过大量的动物实验研究,最终于1975年提出的术语,是指人或动物接连不断地受到挫折,便会感到自己对一切都无能为力、丧失信心,陷入一种无助的心理状态,也称为"习得性无力感"或"失助感"。

小坤在上课、做作业与分心之间形成了一种条件性情绪反应,其自动运行后,小坤便无法用意识控制。当这种状态慢慢泛化到其他学科,甚至喜欢的学科也会很严重地分心时,他对自己的这种状态感到无能为力,产生一种做什么都无济于事的心理状态。因此,小坤的积极情绪降低,消极被动地认为自己这种分心状态没办法改变,也就听之任之了。

3. 专家建议

孩子在学习过程中出现分心现象的原因很多,情况也很复杂,这是他们这一年龄阶段所具有的共性。对此，家长不要操之过急，更不能采取过于极端的方法，否则会物极必反，引起孩子对学习的逆反心理。

当学生出现持续分心的现象时，教师要与学生家长及时沟通，分析原因，并共同商量对策，统一做法。

（1）要创造良好的学习环境。教师要强化班级的学习纪律，给孩子创造一个安静、积极的上课空间，家长要保证孩子回家的学习环境安静、整洁，如果可能，住房尽量远离喧闹、空气污染的地方，环境的布置要简朴，不要有过多的张贴画和装饰，学习环境中要有新鲜的空气和充足的光线，以减少学习环境中不良因素给孩子带来的干扰刺激。

（2）要经常与孩子进行交心式的谈话。在谈话过程中，可以讲述一些有关学习的故事和小常识，在逐步与孩子建立相互信赖的朋友关系的同时，还能使他们认识到学习的重要性。家长在平时还要注意带孩子参加一些科技性的展览及竞赛活动以激发他们对学习的兴趣和好奇心。

（3）让孩子明确学习的目的，激发主动学习的自觉性。例如，在孩子进行某一项目的学习时，必须要让他们明确此项学习的目的、任务和意义，认识到学习这一内容所要完成的任务和要解决的实际问题，同时帮助他们寻找学习的途径和方法，引导他们对成功带来的喜悦的向往，自然而然地保持自觉学习的良好习惯。

（4）要注意培养孩子的意志力。当孩子遇到困难又不能在短时间内解决时，他们往往会放松甚至放弃学习，也就是没有坚强的意志力去克服困难。在这种情况下，他们很容易把注意力转移到别的事情上，出现分心现象。因此，家长要在平时注意锻炼孩子的意志力，即逐步引导他们在有干扰的环境中或在有限的时间内坚持完成学习任务。

（5）要及时肯定表扬。孩子在学习上取得一定成绩时，家长应及时地加以表扬和鼓励，以激发孩子学习的积极性。当孩子出现学习分心的现象时，不要过分指责，批评要细致耐心、简明扼要，不要过分唠叨，更不能对孩子进行身体上的惩罚和人格上的侮辱。

从心理学的专业角度来看，分心的学生还可以尝试以下的措施：

(1) 养成良好的睡眠习惯。一些学生学习负担重，贪黑熬夜，甚至在宿舍打电筒读书，学到深夜；有的同学不能按时睡眠，在宿舍和同学闲聊等，结果早晨不能按时起床，即便勉强起来，头脑也是昏沉沉的，一整天都打不起精神，有的甚至在课堂上伏桌睡觉。

(2) 学会自我减压。现在，学生的学习任务很重，老师、家长的期望很高，一些学生对成绩、考试等看得很重，无异于自己给自己加压，必然不堪重负，变得疲惫、紧张和烦躁，心理上难得片刻宁静。因此，要学会自我减压，别把成绩的好坏看得太重。一分耕耘，一分收获，只要我们平日努力了、付出了，必然会有好的回报，又何必让忧虑占据心头，去自寻烦恼呢？

(3) 做些放松训练。舒适地坐在椅子上或躺在床上，然后向身体的各部位传递休息的信息。先从左脚开始，使脚部肌肉绷紧，然后松弛，同时暗示它休息；随后命令脚脖子、小腿、膝盖、大腿一直到躯干部休息；然后从左右手放松到躯干；再从躯干开始到颈部、到头部、脸部全部放松。这种放松训练的技术需要反复练习才能较好地掌握，而一旦掌握会在短短的几分钟内达到轻松、平静的状态。

(4) 做些集中注意力的训练。这里介绍一个心理学中用来锻炼注意力的小游戏。在一张有 25 个小方格的表中，将 1—25 的数字打乱顺序，填写在里面，然后以最快的速度从 1 数到 25，要边读边指出，同时计时。研究表明：7—8 岁儿童按顺序寻找每张图表上数字的时间是 30～50 秒，平均 40～42 秒；正常成年人看一张图表的时间大约是 25～30 秒，有些人可以缩短到十几秒。可以自己多制作几张这样的训练表，每天训练一遍，注意力水平一定会逐步提高。

(5) 排除内心的干扰。外部的环境可能很安静，但是自己内心有一种骚动，有一种干扰自己的情绪活动，有一种与客观环境不相关的兴奋，对各种各样的情绪活动，要善于将它们放下来，予以排除。排除的方法是坐端正，身体放松，将整个面部表情放松下来，使内心各种情绪的干扰随同身体放松都放到一边。

（6）合理安排作息时间。千万不要这样学习：我这一天就是复习功课，从早晨开始，书一直在手边，但是效率很低，一会儿干干这个，一会儿干干那个，12个小时就这样过去了，既没休息好玩好，学习也没有成效。或者，一大早到公园念外语，坐了1个小时或2个小时，散散漫漫，说念也念了，但跟没念差不多，没有记住多少东西。这叫学习和休息、劳和逸的节奏不分明。正确的态度是要分明。从现在开始，集中一小时的精力，比如背诵80个英语单词，看能不能背诵下来。高度地集中注意力，尝试着一定把这些单词记下来。学习完了，再休息，再玩耍。当需要再次进入学习状态时，又能高度集中注意力。这样才能张弛有道。

（7）不在难点上停留。我们对理解的事物、有兴趣的事物进行探究、观察时比较容易集中注意力。比如说，我们喜欢数学，数学课就比较容易集中注意力，因为我们理解，又比较有兴趣。反之，因为我们不太喜欢化学，缺乏兴趣，对老师讲的课又缺乏足够的理解，就有可能注意力分散。在这种情况下，我们就有了正反两个方面的对策。正的对策是，我们要利用自己的理解力和兴趣集中自己的注意力，对那些还缺乏理解和兴趣的事物，不要着急，慢慢来，老师的课听不懂，那一定是以前的基础知识有漏洞，可以把书翻回去静静地看，及时找到自己不理解的地方，课后想办法补上。

第四章

行为问题

　　从某种程度上来说，学生的每一个行为都有缘有故，因而是可以预测的。那些已经发生的行为问题更是有迹可循。如果我们掌握塑造学生行为的方法，我们对学生的期望就可能变成现实。社会环境对孩子的行为有重要的影响，因此，教师和家长应以身作则，规范自己的言行。教育行为上存在问题的学生，应当培养他们对自己行为的认识能力和控制能力。

　　本章将从偷窃、说谎、攻击性行为、网络成瘾和缺乏责任心五个方面对行为上的问题学生进行分析，探讨其行为的成因和教育方法。

一、偷窃

1. 典型案例

　　晚自习的时候，我在教室外面巡视，发现郑刚正低着脑袋用手机发短消息（学校禁止学生在教学区使用手机）。我迅速走进教室，没收了他的手机，并告诉他到期末的时候还给他家长。回到办公室后，我将手机放在办公桌的抽屉里。

　　周末，郑刚由于作业没有补完，被我留在办公室做作业。他母亲答应六点钟来接他。五点半时，家里打电话给我说孩子生病了要送医院，我关照郑刚自己认真做功课等母亲来接后，便急急忙忙收拾好东西离开学校。路上想起放手机的抽屉没锁（平时下班我都锁）。这件事成了我的一块心病。

到了周一上班，我走进办公室就打开抽屉，最担心的事情还是发生了，手机不翼而飞。我首先怀疑是郑刚拿走了，但是又不知道怎么开口。万一不是他拿的，结果岂不是更糟？

晚饭后，我终于忍不住把郑刚找来，问他是否拿了手机，郑刚听了一愣，随后就连声说"完蛋了，完蛋了"。看着他着急的样子，我明白事情一定不是他干的。我只好安慰他，并征求他的意见，这件事情有可能是谁做的。郑刚说可能是C。因为周末的时候C也在办公室里补课，他知道手机被没收的事，而且当中郑刚出去上过厕所，办公室里只有C一个人，C以往有过拿别人东西的经历。于是，我直接把C叫到办公室，一开始，C一口咬定自己是无辜的。禁不住我软硬兼施，C到最后终于承认是他拿走了手机。

这件事过去之后，班级里又发生了丢钱的事件。同学们都怀疑是C偷了。但这次一点线索也没有，根据我的观察，C这次的表现很镇定，而且似乎也没有作案时间。事情只好搁置起来。

2. 问题表现及原因分析

班级里遇到失窃事件，这对班主任是极大的考验。一方面，班级里出了"贼"却找不出来，总是一件令人烦心的事。俗话说，不怕贼偷东西，就怕贼惦记。如今，有一个"贼"惦记着大家的财物，班级必将被闹得鸡犬不宁。

如果一个偷窃案件没有顺利解决，指望这只是一起偶然事件，从此之后天下太平，类似事情不再发生，这样的想法是非常幼稚的。事实证明，如果班主任不能很好地处理最初发生的失窃事件，班级里的失窃案会越来越多，私自拿别人东西的事情也会受诱发而此起彼伏。

没有经验的教师通常会很恼怒，在班级里对学生进行恐吓、威胁，要求"坏分子"赶紧到老师那里承认。这种办法不能奏效时老师会找同学谈话，让他们提供怀疑对象，厉害一点的老师会让每个人写证明自己清白的材料以及揭发材料，这样会提供一些线索，但是往往头绪众多，无法理清。有一些老师会铤而走险，要求学生把自己的包打开来，或者趁学生不在教室，亲自动手翻学生的包。如果偷拿钱物者没有及时转移，教师的这一做法就会成功。但是，有经验的作案者都会在第一时间转移财物，教师的这一做法一旦没有得逞又被学生知晓，将陷入很大的被动中。

教师剩下的办法就很有限了。有些教师会跟学生讲道理，希望学生良心发现，善于造势和运用情感攻势的教师往往会取得成功。但是，如果教师面临的对象是高中学生，这种方法就很难奏效。于是，教师只能大事化小、小事化了，此事成为一个无头案。

有经验的教师会很冷静地分析事情的起因和学生偷窃的动机。按照一些学者的研究，学生偷窃有九种类型：因情绪冲动受物质引诱而不能克制的冲动型；因家贫且父母疏于管教、急需物品而偷窃的经济型；为反抗社会不公平而报复的反抗型；为减轻内心紧张的强迫型；在意识模糊状态下不能克制冲动产生的癫痫型；自我堕落的堕落型；受英雄主义支配而为团体做事的集体型；缺乏法律常识及物权观念的无知型；物质欲望过高的占有型。

根据以上的分类可以看出，学生偷窃行为的产生有几个原因，大致来说可分为两大类：一类是个人因素；一类是环境因素。个人因素可分为生理因素及心理因素。生理因素包括自主神经系统不平衡、内分泌失调以及体型上的畸形、官能上的缺陷。这些生理因素影响学生的情绪发展或自我概念，进而产生适应困难的现象，从而走上偷窃之路。心理因素则包括：

（1）占有欲的需求：当一些学生不能拥有同学或其他人所拥有的东西时，他们就会使用"不告而取"的方式，设法取得想拥有的东西。

（2）爱的需求：当一些学生得不到父母师长的爱，经常遭到拒绝时，他们就可能以偷窃补偿因得不到爱而受到的伤害。

（3）被承认的需求：一些学生为了得到同学的承认，会以偷窃方式取得财物与同学分享，甚至有的学生为了加入帮派而被要求偷窃，因为偷窃是加入帮派的一种仪式。

（4）好逸恶劳：行为受享乐原则的支配，凡事都想不劳而获，容易受物质的引诱，如果加上侥幸的心理，就会采取偷窃的方式，以供自己享乐。

（5）不正常的情绪发泄：偷窃不是因为个人所需或金钱的价值，也非表达愤怒或报复，而是一种强迫性行为，从偷窃中获得快感。

除了上述个人因素外，环境因素亦助长了偷窃行为的发生，环境因素包括家庭因素、学校因素和社会因素等。

在家庭因素方面：

（1）父母忙于生计，无暇照顾子女。

（2）父母过于放任，对子女偷窃行为纵容，使子女逐渐养成从事偏差行为而觉得无所谓的态度。

（3）父母过于严苛，过度管制零用钱，使子女无法满足物质欲望而起盗心，或者子女遗失财物时，为了免受责罚，而去偷窃他人财物顶替。

（4）父母本身即从事偷窃等不正当行业，子女从小耳濡目染，根本不觉得偷窃是不正当的行为。

在学校因素方面：

（1）学校道德教育偏重教条的灌输，忽视行为的实践。

（2）课程设计不当，学生在学业上缺乏成就感，以致课业适应不良。

（3）学校忽略法律常识教育。

（4）学校没有足够的活动空间和器材，或没有足以吸引学生的活动，使学生的精力无法宣泄。

（5）同学伙伴引诱，相互认同模仿。

在社会因素方面：

（1）急功近利，社会风气不良，误导了青少年的道德价值判断。

（2）大众传播媒体过于详细地描写盗窃行为，无形中传授了偷窃技巧。

（3）传统守望相助精神荡然无存，给予偷窃可行机会。

（4）正当休闲场所太少，而不正当场所的诱惑太多，或意志不坚定的青少年沉沦其中而步入偷盗犯罪之途。

（5）青少年处于贫穷低下的地区，受到低社会阶层青少年文化的熏染，养成强悍、粗鲁、狡猾、好逸恶劳的性格，反抗法律规章，从偷窃中追求刺激。

此外，低年龄段学生的偷窃还可能源自一种炫耀心理。小学生因为年龄特点，看到新奇好玩的东西后，会趁人不注意顺手牵羊，把偷来的物品作为夸耀的资本。儿童不认为这是令人羞愧的事情，相反，他们经常把"胜利品"公开展示。还有一些学生受到不平等待遇，比如被老师批评得过于严厉、被小伙伴欺凌和侵犯、被家长训斥和打骂等，他们便用偷当事人东西的办法来报复，以达到心理平衡。也有些学生纯粹出于捉弄别人的目的，偷盗别人的东西只是为了看他的反应，并非以占为己有为目的。

3. 专家建议

20世纪50年代，著名心理学家埃利斯在美国创立合理情绪疗法（简称RET）。结合埃利斯的人性观，我们认为：

（1）人既可以是理性的、合理的，也可以是非理性的、不合理的；当人们按照理性去思维、去行动时，他们就会很愉快，反之就会痛苦。学生产生偷窃行为就是按照非理性去思维、去行动，他们即使获得不正当的财物，也不会心安理得，反而会产生担心、痛苦的心理和虚伪的表现。教师正可利用这一点来激发、放大他们心中的矛盾和痛苦。

（2）情绪是伴随人们的思维而产生的，情绪上或心理上的困扰是由不合理的、不合逻辑的思维造成的，教师可明确告诉学生产生偷窃行为的思维是不合理的，引导他们勇于改过。

（3）人具有生物学和社会学的倾向性，即任何人都不可避免地具有或多或少的不合理的思维信念，教师在查处失窃事件时，可引导怀疑对象：只要是人，就有一种生物性的倾向性，难免产生不恰当的思维和信念，从而导致犯错行为。所以，一个人做了错事不要紧，要紧的是改正错误，不要一辈子犯错。如果我们对埃利斯的人性观有深刻的认识，这对学生偷窃行为的干预很有帮助。

运用合理情绪疗法对学生偷窃行为的心理干预可分为四个阶段。

第一阶段：心理诊断。根据失窃现场报告的情况，教师排除或圈定部分怀疑对象。在这一阶段，教师要致力于与被怀疑的学生建立良好的辅导关系。教师可以与被怀疑偷窃的学生约定在一个没有人的房间谈话，并双方约定谈话内容只限于两人之间，希望学生放下所有包袱，进行真诚道白，教师与学生进行心与心的碰撞。其中，最重要的就是一定要创设一个安全环境，承诺对外保密。该保密协定可涉及其他老师、同学。在此阶段学生如有合理要求，一般都先予以满足。

在辅导关系建立以后，教师可以引导当事学生进行换位思考：体会失主现在的心理感受，对行窃者的诅咒痛恨，失窃者周围人的感受，人际关系现状。教师也可采用换张椅子坐坐的方法来进行团体辅导游戏，让当事学生产生强烈的心理冲突，并引导其说出现在的心理感受——后悔、痛苦，指出造成该心理感受的原因是其思维方式、信念的不合理，正是当初的不合理信念给他们带来了现在情绪上的困惑。

第二阶段：领悟错误。这一阶段的重要任务是帮助学生达到下列目标：识别不适当或病态性的情绪和行为表现；寻找产生这些行为的原因；认识到这些行为的原因是不合理信念造成的。

在对有偷窃行为学生的调查辅导中，他们的言语、行为表现正反映出他们的内心世界，如眼光集中于某一点、向上向下集中保持一段时间，或不断重复某一行为，这说明其心理极度不安，教师可初步判定是否该生所为。根据对该生的侧面了解，寻找该生产生偷窃行为的原因：是想获得别人的认可还是不良习惯，如上网、游戏或家庭经济条件差等，然后再协助学生认识这种行为和思维是不合理的。

第三阶段：疏通心情。教师通过与学生不合理信念的诘难、辩论等方法，对学生存在的不合理信念进行疏通，使偷窃学生认识到：他的这些不合理信念是不现实、不合逻辑，也是没有根据的；分清什么是合理信念，什么是不合理信念；学会用合理信念取代不合理信念。

在对有偷窃行为学生的辅导过程中，与学生的不合理信念进行辩论是最重要的。可以采取以下方法：第一，对偷窃后果夸张化，如举一些病人的救命钱被偷走导致无钱治病而悲惨死亡的案例；第二，自我暴露，即教师坦承自己以前的错误及心理感受，一方面拉近与学生的距离，另一方面也给学生增添承认错误的勇气和信心;第三,后设认知与暗示,如这样指导学生:让学生双手十指并拢,从手腕处对齐,并把眼睛闭上,如果学生认为其左手的中指长于右手的中指,代表他心理压力很大,正在决定是否告诉老师真相,教师借此发挥机智,辅助学生冲破心理防线。

第四阶段:强化教育。这是辅导干预的最后阶段,在干预过程中,切不可认为查出来就可万事大吉。从学生终身发展的角度来说,这只不过是他发展过程中的一道坎,所以查出真相后,如何巩固和扩大对当事人的辅导成果,是再强化育阶段的主要目的。在对偷窃学生的干预辅导过程中,及时调整当事人心态,减轻心理压力,完善当事人的人格,把重心转移到学习中来,是此阶段辅导的主要内容。

对偷窃行为重在预防。教师在日常的工作中,应当有意识地对学生进行教育,毕竟等到事情发生之后再去破案就已经很被动了。

预防的方法有:第一,增强对学生的法律常识教育,使学生了解普通偷窃、严重盗窃罪的法律刑责;第二,利用价值澄清法讨论偷窃等偏差行为,导正学生的道德观与价值观;第三,加强青少年的自我观念、自我控制力,使其学会愿望不能满足或遭遇挫折时,应如何寻求其他合法替代的途径;第四,关心与接纳学生;第五,从观察、面谈、测验及作文等方面收集资料,以了解学生是否有偷窃等偏差行为;第六,限制学生带贵重物品及大量现金来学校;第七,教导学生如何保护自己的财物,切记慢藏诲盗的道理;第八,在教学和班级活动中,注意不同能力学生的需要,使学生在学习上能获得成就感。

二、说谎

1. 典型案例

小阳品学兼优,从小学起一直是班长,是老师心中的好学生,也是家长心中的好孩子。刚接初一班,在还没安排班干部的时候,我说让学生下课休息，紧接着听到一声清脆响亮的声音："起立！"回头一看，是个很精神的小男孩，一问，他在小学就是班长，好，就让他做班长。他就是小阳。小阳班长工作做得不错，是我的得力助手。

最近一段时间，小阳有好几次没交作业，理由很多，最常见的是忘记带了。开始老师们并没在意，因为像小阳这样的好学生，老师是不会认为他们完不成作业骗老师的。后来，随着小阳不交作业的次数越来越多，老师开始怀疑，往他家打电话，总没人。周三语文老师和我说，最好请小阳的家长来学校，我问为什么，他说小阳忘带作业的次数太多了。结果小阳的家长没来，小阳的解释是家长在外地打工回不来，说会让家长打电话给老师的，我们感觉这可以理解。周一，语文老师和我说，小阳的家长给他发短信了，内容大意是家长已经知道老师反映的情况，家长都在外地，恰巧手机没话费了，所以发短信，希望双方共同管理学生云云。

我再询问小阳，他说是他爸爸发的，还说他爸爸打了他。他镇定自若的表情和无懈可击的回答未能消除我的疑虑。之后的一段时间他还是经常不做作业，这让我疑心更重，我暗中让别的学生去做调查，结果发现他的家长这段时间一直在家，从来没有外出过。

2. 问题表现及原因分析

小阳的撒谎行为让老师痛心。然而，对于中小学生而言，撒谎并不是偶然现象。经常听到老师们感慨，现在的孩子，说谎的本领真是越来越高了。明明是说谎，但是面不改色心不跳，说得跟真的一样，不由得你不信。

说谎是为了得到某种好处或逃避某种后果而采取的一种与事实不相符合的陈述，带有虚假和欺骗的成分。说谎是人类特有的现象，在成人世界中十分普遍。美国作家梅尔曾说过："所有的人说的谎——小谎、大谎、善良的谎——都是为了确保社会安宁、心理舒适采取的必要手段。我们需要以谎言掩饰我们对生与死以及许许多多我们不能理解、不能控制的事物的恐惧和焦虑。"

孩子说谎的原因大致可以分为以下几种：

(1) 天真无邪。常言道"童真无邪""童言无忌",小孩子头脑简单,缺乏一定的判断思维能力,因而,他们说话往往带有较大的随意性。例如,老师问:"这朵花美不美?""这道题对不对?"一些小孩会不假思索地说:"美。""对。"这种下意识的应付老师的回答可能导致"说谎"。

(2) 推卸责任。孩子因不能控制自己而犯下的过错,这本来无可厚非,但为了逃避可能受到的批评和惩罚,他们往往会想方设法加以掩盖导致说谎。从马斯洛的需要层次理论来看,这样的说谎满足了他们的安全需要,特别是他们在尝到"说谎"的甜头之后,会一发而不可收。久而久之,他们就会成为令人生厌的"说谎精"。

(3) 维护自尊。人人都有自尊心,这种自尊需要是比安全需要高一层次的需要。对孩子来说,"自尊"是成熟的表现。然而,单纯的思想有时会使他们去追求过度的自尊,通过说谎来满足自身的需要。过度的自尊不仅不利于和谐的人际关系,影响身心健康,而且会使人变得极度不诚实,产生撒谎现象。比如,一个考试成绩一向很好的孩子,有一次突然考砸了,为了不让家长知道,回家后主动对父母说,这次考试成绩不错。

(4) 满足虚荣。年龄稍大一点的学生期望得到他人尊重,取悦他人,但自己的能力又达不到,于是就以撒谎来炫耀,满足虚荣心。例如,吹嘘自己的父母如何如何厉害,让人刮目相看。

(5) 懒惰心理。一些学生学习懒散,喜欢用简单、不费力的方式去达到目的,那么说谎就是最轻松、方便的手段。例如,骗老师说自己早已完成作业。

(6) 模仿大人。一些家长不注意自己的言行,给孩子幼小的心灵抹上了污点。例如,父亲带儿子去打麻将,回家后为了避免争吵,在妻子面前撒谎说带儿子去看电影了。在父亲看来这只不过是小事一桩,然而,当发现儿子竟敢在自己面前撒谎时,他才意识到问题的严重性。

(7) 社会环境。我们所处的社会鱼龙混杂,尤其是近年来,社会诚信度快速降低,有人为了牟取暴利而不择手段,电视、广播、网络、报刊、广告等媒体信息言过其实或具有欺骗性,更多的伪劣产品、假文凭、假钞票等，这些现象对青少年产生了不良的影响。当各种欺骗的事例被曝光之后，孩子会产生赚钱就必须说谎或说谎理所当然的观念。

（8）不当教育。研究表明，青少年的不诚实行为大多是由不当教育造成的。大多数家长望子成龙望女成凤，对孩子的学习成绩要求苛刻，一定要达到规定的高分，否则便会受到惩罚。为了免遭皮肉之苦，在不得已的情况下，孩子只好靠改分说谎来蒙混过关。

（9）环境压力。考试竞争、班干部选拔等压力的存在，常常是导致学生说谎和欺骗的现实诱因。这种危机环境常需要他们做出不同的抉择：到底是说实话对自己不利，还是为了有利于自己而说谎欺骗？在特定的条件下，很多学生会选择说谎。

（10）从众心理。在老师询问的时候，大家都说谎，自己如果说实话，会受到来自群体内部的非常大的压力。当个体在其中孤立无助时，为了缓解压力，他们不得不从众说谎。

（11）养成习惯。有些家长对孩子的诚信教育没有足够重视。例如，某一次玩游戏，小孩子耍小聪明获得了胜利，大人不但不加以指责，反而夸奖孩子"机灵""脑子快"。于是，造成孩子不认为说谎是一件可耻的事情，从而习惯成自然。

（12）逆反情绪。当孩子处于逆反情绪中时，他们说的话很可能是反话。明明喜欢却说不喜欢，明明是自己做的却不承认。在这种情况下，当逆反情绪消退之后，撒谎行为会自然消失。

3. 专家建议

要纠正学生撒谎的毛病，首先要正确区分撒谎的性质。未成年的孩子偶尔说谎，可视为天真幼稚和幻想，或为了掩饰错误保护自己。如果由于环境及教养等原因，长期说谎并从中得到益处，今后便常会采用说谎和欺骗来达到自己的目的。学生说谎是一种不敢正视某种事实的表现。在种种利害关系面前，他们采取逃避不利、趋向有利的选择是错误的。长期不诚实或撒谎的性质涉及道德、品行方面的问题，这就是一种品行障碍。教育者要将有意说谎与无意说谎区分开来，对有意说谎者一定要严格教育，而对无意说谎者则要正面引导。

（1）正面教育。教师和家长需要教给孩子正确的道德概念。告诉他们诚实是美德，讲一些诸如"列宁打碎花瓶"的故事给他们听，让他们形成相应的道德概念，通过交谈的方式，让他们认识到自己的错误。

（2）及时肯定。教师和家长要做一个细心人，一旦发现孩子说谎的行为有变化，变诚实了，就一定要表扬他们。务必使他们相信，与他们所犯的错误相比，诚实的品质更重要。

（3）以身垂范。在日常生活中，大人有很多关于诚实的示范。例如，开车是否遵守交通规则？买东西多找了钱，你是否退还？有人打电话找你，你不想听，是否让孩子告诉对方你不在家？大人难免说些无伤大雅的谎言，但在说之前请注意，你身旁是否有双天真无邪的眼睛，你的所作所为，都可能被孩子模仿。

（4）信息畅通。教师要和家长经常联系，及时了解孩子的学习表现，让孩子知道父母、老师对他们的事都很清楚，从而寻找不到说谎的空间。

（5）严厉惩罚。说说谎没啥事、一说谎就能过关，这种不良心态对孩子的危害是非常大的。美国一位父亲在儿子撒谎之后异常严厉地坚持步行29公里回家，任凭儿子开着车在一旁苦苦哀求父亲上车。结果这次惩罚给儿子上了生动的一课，儿子从此形成了讲诚信的良好品质。

（6）防微杜渐。诚实守信，从小做起，从小事做起，从自我做起。在平时的学习和生活中，要求孩子不说谎话，知错就改，不随意拿别人的东西，借东西及时归还，答应别人的事要努力做到，做不到表示歉意，考试不作弊，等等。

（7）追寻动机。学生说谎都有其一定的心理原因，了解动机，我们才能找到辅导矫正之法。因此，教师一定要尊重、关爱学生，宽容、真诚地接纳他们，使之感受到安全、温馨、被信任，不会挨批受罚，他们才会大胆说真话。唯有这样，学生才会正视自己，反思自省，乐于改正。反之，学生说了真话又不被信任，或被不公正对待，就会强化说谎。

（8）团体辅导。如果班级里说谎行为严重，教师可以有针对性地开展班级心理辅导活动，用游戏、小品、情景剧等学生喜闻乐见的形式，如"这样说对吗"，这个"故事"该不该发生等，引导学生积极参与、辩论、倾听、体验、互相感染、启发，在群体中获得感悟、反思；结合班队（团）活动渗透心育，在愉快中感动，接受教育；利用心理特点、知识水平、经历等相似的同辈资源，开展同伴互助辅导，有利于沟通和接受教育，有利于心理上互相支持，还有利于培养学生助人的品质。开展团体心理辅导，以群治独，学生特别喜欢，对他们的震撼之大也是其他心育方法不可比拟的。

（9）自我教育。让学生寻找撒谎危害的资料以自学、思考。通过自我教育，懂得讲假话贻害无穷，懂得真诚是一种心灵的开放，生活是欺骗不了的，重要的是讲真话。自我教育的方式主要是通过加强学生的自身修养和实践锻炼来进行。最初阶段，辅导者可以有意地进行一些训练，等孩子能分辨是非曲直、掌握正确的处理方法后，遇到事情就能头脑清醒地克制自己，真正地做到表里如一了。

（10）自我暗示。所谓自我暗示就是不加批判地接受一种意见或信念，从而导致自己的判断、态度及行为方式改变的心理过程。积极的自我暗示能产生巨大的内驱力，使人自信、自强。一般的做法是：把自己的优点、长处写在纸上，激励自己去完成目标或改正行为，如"撒谎害人害己要彻底改正""我一定能改掉撒谎的坏习惯"等。不断鼓励自己坚持良好行为，坚持自我暗示，就能逐步改掉坏习惯。

（11）行为矫正。对说谎时间长、难以自控的学生，还要开展行为疗法，即与学生协商，以签订合约的方式，直接帮助学生自我观察、自我管理，消除、纠正不良行为，建立良好行为。学生出现良好行为时，要及时给予奖励和肯定评价，使之保持、巩固、发展；未能完成目标，则按约定给予自我惩罚，以示警醒。可设"每天目标行为自评表"，由学生自己如实填写，教师、家长或小伙伴负责督促。持之以恒，定能改变。

三、攻击性行为

1. 典型案例

小新是班级里出了名的调皮大王，打架、捣蛋无所不干，每一次"事件"基本上都与他有关。不要说老师看见小新头疼，就连小朋友也拒绝和他一起玩，因为他"老是要欺负人"。一天上课，他趁老师转身在黑板上写字的机会，拿尖尖的铅笔头使劲戳同桌的手指，痛得同桌大叫起来。老师被迫停下课，一查看发现铅笔头已经戳进了那个同学的皮肤里。小新在班上学习成绩很落后，没有什么特长，就是专门爱欺侮别人。他上课喜欢做小动作，揪前排女生的头发，将废纸团扔到别人桌上，起立时故意将旁边同学的椅子拿开，好让同学坐下时摔跤出洋相，惹全班发笑。下课时，他也非常喜欢恶作剧，如有人从自己身边路过时，装作不注意把脚伸出去绊倒别人等。受了欺负的小朋友要是敢跟老师告状，他便怒目而视，咬牙切齿，一副"你等着瞧"的架势。

2. 问题表现及原因分析

小新表现出来的是攻击性行为。所谓攻击性行为是指儿童由于不良品行、习惯和非理性冲动而表现出来的用语言或身体去伤害他人的一种行为。具有这种行为倾向的儿童，表现为情绪高度不稳定，极易冲动、鲁莽，稍有不顺便大打出手，不计后果。他们心理发育不成熟，判断分析能力差，容易被人挑唆怂恿，对他人和社会表现出敌意、攻击和破坏行为。

心理学中把"攻击性行为"定义为他人不愿接受的出于故意或工具性目的的伤害行为，这种有意伤害包括直接的身体伤害（打人）、语言伤害（骂人、嘲笑人）和间接的、心理上的伤害（如背后说坏话、造谣诬蔑）。有伤害他人的意图但未造成后果的行为仍然属于攻击性行为，但孩子们在一起玩耍时无敌意的推拉动作则不属于攻击性行为。

攻击性行为可以分为两类：敌意攻击行为和工具性攻击行为。敌意攻击行为是有意伤害别人的行为，而工具性攻击行为是为达到一定的非攻击性目的而伤害他人的行为。在幼儿园里，一个男孩子故意打一个女孩子，惹她哭，这是敌意攻击行为；但如果男孩子只是为了争夺女孩子手中的玩具而打她，则属于工具性攻击行为。

攻击性行为产生的原因大致有以下一些：

(1) 生理因素。大量动物实验和临床资料表明，攻击性行为有其生理基础。一些学生之所以容易产生攻击性行为，与其神经系统和内分泌系统异常有关。有些兴奋、冲动和攻击性强的儿童常常是对父母特质的继承，基因确实会影响个体的兴奋水平。有些调查结果表明，攻击型儿童父母的性格特征有 73.7% 具有好动、性急的特点，因而不能排除先天神经类型、遗传素质对儿童攻击性行为的影响，但基因并不是儿童攻击性行为产生的决定性因素。比较合理的解释是，儿童遗传了父母某种先天性的基因倾向，这种倾向会在后天的环境中得到表现或强化。

(2) 饮食因素。一些研究显示，糖的摄入量过多与儿童易发生攻击性行为明显相关，但并不能由此认为，过多食糖对所有儿童，尤其是无攻击性行为的儿童都会产生不良的影响。一般而言，如果儿童有攻击性或多动行为，那么合理地限制其糖的摄入量是可取的。

(3) 社会因素。经验表明，不良环境刺激的影响是儿童产生攻击性行为的主要渠道，而当今的大众传媒，如电视、电影、游戏机、报刊等，充斥武打、凶杀等暴力行为，给儿童间接提供了学会攻击性行为的模仿范例，影响极坏。在美国，人们早已认识到电视对儿童攻击性行为的影响。其影响主要表现为：它教给儿童一些攻击性的行为方式，并使儿童放松了对攻击性行为的抑制；它使暴力"合法化"，并习以为常。经常观看有暴力行为电视节目的儿童，易更多地表现出攻击性行为。另外，与同伴冲突也是使儿童产生攻击性行为的一个因素。一些研究者发现，儿童在游戏中冲突发生次数多的，在口头和躯体上，攻击性行为都表现出较高的频率。在儿童社交中，"厌恶"得分高的儿童攻击性强，其"厌恶"分数与攻击性行为平均百分率成正相关。同伴关系、社交技能对儿童攻击性行为的影响比成人与儿童关系的影响更大。

（4）家庭因素。父母对待儿童的态度、父母的教育方式会直接影响儿童的攻击性行为。父母经常使用暴力及攻击性言行，为孩子树立了一个模仿的对象。儿童往往不是在惩罚中受到教育，而是在惩罚中学会如何使用攻击性行为。儿童的侵犯性行为极大地依赖父母如何对待他们和父母自己如何表现。一个在家里经常因侵犯性行为受到严厉惩罚的孩子，在外边往往有更大的侵犯性。惩罚使孩子在家里限制了侵犯行为，但却等于鼓励了他在外面的侵犯行为，因为孩子模仿的是父母的侵犯行为。惩罚教育孩子在家里要老老实实，等于告诉他们，如果干了坏事不被发觉是不会被惩罚的，这样使儿童加剧侵犯行为，而不是减少这一行为。

另外，经常在孩子面前暴露矛盾，对儿童的攻击性行为持放纵、宽容和无所谓的态度，也能使儿童的攻击性行为得到强化而增强攻击频率。由此可见，家长的教育方式、对待儿童的态度，是影响儿童攻击性行为的一个很重要的因素。

心理学家对攻击性行为的心理机制有深入的研究。心理学家多拉德认为，攻击性行为起因于挫折。当一个人朝着特定目标前进时，一旦受到阻碍，就会产生挫折感，而这种挫折感在行为上就表现出攻击性行为。这一理论曾引起许多专家的关注和争论。著名心理学家班杜拉认为，挫折可以引起攻击性行为，但不是攻击性行为产生的必要条件。他认为，儿童的攻击性行为更主要的是从社会习得的，如模仿等。

1961年，班杜拉把幼儿园的孩子分成两组，让一组孩子看一些特制录像，录像的主要内容是成人对充气塑料玩具采取一些稀奇古怪的攻击行为；另一组孩子看的是没有这种攻击行为的一般录像。看完录像后，班杜拉让所有孩子都玩这种充气玩具。结果，那些看过特制录像的孩子几乎都对充气玩具表现出攻击性行为，而只看一般录像的孩子却较少表现出攻击性行为。更有意思的是，那些看过特制录像的儿童所表现的攻击性行为在很大程度上是模仿录像中那些稀奇的攻击行为。于是班杜拉认为，儿童的攻击性行为是模仿的结果。在1965年,班杜拉又做了一个相似的实验。这一次他将孩子分为三组,看带有攻击性行为的特制录像,所不同的是,第一组看的录像中的攻击性行为受到惩罚,第二组看的录像中的攻击性行为受到赞扬,而第三组的录像中对攻击性行为没有任何评价,既不赞扬也不惩罚。结果发现,第一组的孩子表现的攻击性行为明显少于其他两组。

(张源侠、骆丽萍,1994)

这个实验不但进一步完善了班杜拉的社会学习理论,即强调社会评价和社会指导的作用,更重要的是为我们防止、治疗儿童的攻击性行为提供了依据。

3. 专家建议

攻击性行为是消极的问题行为,它不但会给他人或集体造成危害,而且还会使行为发出者本人得到较多来自环境的否定态度,不利于其健康成长,因此,要及早加以治疗。

(1) 遵循冷处理原则。具攻击性行为的学生一般比较冲动,情绪容易走极端,教师处理这类问题时应遵循冷处理原则,待学生激动、亢奋的情绪平静下来之后再进行辅导,效果可能会更好。

(2) 及时干预儿童的错误行为。有时候,一种侵犯行为发生了,却没有导致公然对抗。比如,一名儿童推了另一名儿童一下,但对方迅速地跑开而没有反抗,诸如此类事件很容易被忽视。但是,忽略这种可能引起公然对抗的侵犯行为后果会更加严重。因此,在诸如此类的情况下,教师和家长应该进行干涉,使儿童认识到侵犯行为是不能被接受的,并应该帮助受害者维护其合法权益;同时,教师和家长也应该对目睹侵犯行为的儿童进行有效的现身说法教育。

(3) 实施情感联络。教师要积极与学生建立良好的关系,使双方相互信任,并主动关心学生的学习和生活情况,让学生感受到教师是在真心帮他,为进一步的辅导打下坚实的基础。

(4) 指导儿童学会宣泄情绪。烦恼、攻击、挫折、愤怒这些攻击性情感，对于自控力弱的儿童来说，是点燃攻击性行为的导火线。儿童攻击性情感积累越多，其表现攻击性行为的可能性愈大。因此，教给那些受到挫折、攻击、干扰的儿童以宣泄的方法，就可以减弱其攻击性情感的强度。相反，过分压抑儿童攻击性情感而使其获得暂时的安宁，其被压抑的攻击性情感不但不会消失，而且会深入到他们的潜意识中，危害其身心健康。过分压抑往往会爆发出突然的、猛烈的攻击性行为。应教会儿童用语言来倾诉内心体验到的攻击性情感；引导他们在适当的场合大哭大叫一通，以宣泄其内心无法排遣的挫折、愤怒与烦恼；教会他们迁怒那些毫无生命与价值的"替罪羊"——如用小手敲打墙壁，也可以让儿童参加各种有趣的游戏等置换活动，转移儿童的攻击性情感。

(5) 改善外部环境。与其运用惩罚来矫正儿童的侵犯行为，不如通过创设环境来矫正其侵犯行为。教师为儿童创造适宜的环境，提供一些正确的行为模式供儿童选择，使他们的行为得到满足，也可以为儿童提供足够的空间、营养丰富的食品、各种娱乐器材及有趣的书籍等。教师还应为儿童提供机会，观察、学习人际互助，鼓励他们与别人合作，通过模仿学会谦让、互助、合作等亲社会行为，通过强化形成稳固的亲社会行为模式，特别是教育者本人应该起到榜样作用，言行一致，以身作则，做儿童的表率。

(6) 帮助学生父母改善教育方式。教师要加强与学生父母的交流和沟通，并提供正确教育孩子的方法，指导家长多与孩子交流，多表扬和肯定孩子，而不是简单地否定、打骂甚至是无原则的溺爱，使家庭教育与学校教育保持一致。

(7) 培养儿童的自控能力。大量研究和事实说明，学会内在控制的儿童有可能不使冲动的情感动作化，说理比惩罚更能帮助儿童明白承担非理性行为的责任。要培养儿童对攻击行为的自责心理，培养其同情心，把自己置于受害者的地位，设身处地体会受害者的苦痛。教育儿童认识到攻击行为带来的不良后果，使其学会自我控制和自我反省，并有效地抑制侵犯行为，养成良好的行为习惯。

(8) 树立儿童的自信心。学生表面攻击行为的背后往往掩盖着对自己在其他方面的信心不足或者自卑倾向，教师要在深入了解其内在原因的基础上，积极创设条件，使学生在学习等方面获得成功并感受到成功的喜悦，树立学生的信心，让他们将旺盛的精力放在恰当的事物上。

四、网络成瘾

1. 典型案例

19岁的男生阿勇由于患上严重的网瘾，父母用手铐铐了他一年！

阿勇家在东莞，家境富裕，但他总感觉缺少点什么，那就是父母的关爱。父母总是问他的学习成绩，给他很多钱，但不关心他心里想什么。

由于无聊，阿勇跟朋友上网吧玩游戏，逐渐上瘾，开始通宵上网，更严重的是，还染上了喝止咳药水的毛病，一天要喝上十四五瓶，每瓶30多元，一天花三四百元，加上网吧用的钱，一年就花去了10万元！一开始，阿勇想尽办法骗钱：偷偷变卖家里的物品，还骗亲戚的钱，常说手机不见了，一买就买七八千一部的手机回来，但几天过后又说不见了。吃饭时，阿勇的手常不由自主地颤抖，父母感觉有问题，就暗中跟踪，谁知他又到网吧去，还喝些不明药物！

父母用简单粗暴的方法制止阿勇上网，但阿勇根本无法控制情绪冲动，一见到网吧和药店，就不由自主地要进去！无奈又痛心的父母唯有将儿子用手铐铐在家里，不让他有机会看到外面的网吧和药店，就这样过了一年！父母以为一年的禁闭效果很好，但一年后再放出来，阿勇还是冲向了网吧，又继续喝止咳药水，父母再怎样打他也无济于事。为此，阿勇自杀过三次，手腕上布满了自虐的刀痕。之后，阿勇被送往武警广东总队医院心理科青少年成瘾治疗中心治疗，才得以痊愈。

更严重的是，不少网络成瘾的青少年同时还患上各种处方药成瘾，药物滥用与网络成瘾共存，令治疗更为困难。这种情况在广州等沿海地区更为严重，那里网吧多，不少青少年在疯狂玩网络游戏的同时，人很疲惫，而网吧管理有问题，网吧内滥用止咳药水、曲马多、可乐提神成风，这些药物使人高度兴奋、注意力集中、产生快感，打机更爽更持久。这样，两病同治更加困难。即使是收治的单纯处方药成瘾的患者，追问病源，大多数都有网络成瘾问题。

(王自军等，2008)

2. 问题表现及原因分析

网络成瘾（IAD）的概念是 1994 年美国纽约市的心理学者金伯利首先提出的。它是指由重复的对于网络的使用所导致的一种慢性或周期性的着迷状态，并带来难以抗拒的再度使用之欲望；同时还会产生想要增加使用时间的张力与耐受性、克制、退瘾等现象，对于上网所带来的快感会一直有心理与生理上的依赖。

家长和教师普遍发现，痴迷网络的学生具有撒谎、偏激、孤僻、听不进劝告、分不清好歹、逆反心理强烈等特点，这些问题令家长和教师伤透了脑筋，甚至对他们产生失望心理。这实际上是"网络成瘾"症的病态表现，只是我们不甚了解罢了。

2009 年 5 月 14 日，我国首个《网络成瘾诊断治疗标准》通过了国内众多精神医学专家的论证。按照《网络成瘾诊断治疗标准》，网络成瘾分为网络游戏成瘾、网络色情成瘾、网络关系成瘾、网络信息成瘾、网络交易成瘾 5 类。标准明确了网络成瘾的诊断和治疗方法。网络成瘾的诊断标准为：

（1）对网络的使用有强烈的渴求或冲动感。

（2）减少或停止上网时会出现周身不适、烦躁、易激惹、注意力不集中、睡眠障碍等戒断反应；上述戒断反应可通过使用其他类似的电子媒介，如电视、掌上游戏机等来缓解。

（3）下述 5 条内至少符合 1 条：

①为达到满足感而不断增加使用网络的时间和投入的程度；

②使用网络的开始、结束及持续时间难以控制，经多次努力后均未成功；

③固执使用网络而不顾其明显的危害性后果,即使知道网络使用的危害仍难以停止;

④因使用网络而减少或放弃了其他的兴趣、娱乐或社交活动;

⑤将使用网络作为一种逃避问题或缓解不良情绪的途径。

网络成瘾的病程标准为平均每日连续上网达到或超过6小时,且符合症状标准已达到或超过3个月。

有人将网络成瘾分为六种类型。

A型:单纯性网络成瘾症——此类成瘾者沉迷于网络,以玩各类游戏、聊天及观看综合性节目为主。

B型:情感性网络成瘾症——此类成瘾者把全部的情感和精力投入到交友和两性的偷情中,把在线的朋友看得比家庭的成员更为重要,甚至导致婚姻和家庭的破裂。

C型:网络游戏性成瘾症——此类成瘾者将大量的时间和金钱花费在网络游戏等活动中,使家庭不和,财物丧失。

D型:信息性网络成瘾症——此类网络者花费大量的时间在搜索和收集与自己工作、学习无关或者不迫切需要的信息上,造成工作和学习效率下降。

E型:程序性网络成瘾症——此类成瘾患者往往自认为能成为一流的游戏和计算机程序设计者,不能自拔,影响正常的工作、学习。

F型:强迫行为性网络成瘾症——此类成瘾者不可自控地参加网上赌博、网上购物及拍卖等商业活动。

为了寻求刺激,有人在网吧边玩游戏边吃药;为了戒掉网瘾,有人被父母绑在家中不能出门;为了填补空虚,花季少女早早走进同居生活;为了告诫自己别去网吧,手指被咬得鲜血淋淋;为了逃避现实,青年半年来以网吧为家……在我们的周围,我们举目可见那些通宵上网、在网络上寻求精神寄托、离开网络就魂不守舍、一天到晚泡在网吧、被网络摧残得神魂颠倒的人……

网络成瘾的概念也受到了不少学者的质疑。有些反对者认为,"成瘾"

这一术语是指有机体对某种药物产生心理和生理上的依赖,是用于摄入某种化学物质或麻醉药的行为,比如吸毒等,而网络用户对网络的着迷不同于对化学物质的依赖。也有人认为,网络成瘾是一种被心理学家和研究者夸大的说法,"他们把人们在网络上花很多时间看作一种成瘾,然而,有些人在阅读、看电视和工作上也花很多时间,并因此忽略了家庭、友谊和社会活动,却没有人把这些行为称为成瘾。"

国外学者格罗尔认为,使用互联网的行为具有阶段性:第一阶段是成瘾阶段,新用户往往采用完全沉溺于其中的方式,来使自己适应新环境;第二阶段是觉醒阶段,用户开始减少互联网的使用;第三阶段是平衡阶段,此时用户进入正常的互联网使用状态。他认为,那些被互联网"俘获"的人主要是不能顺利度过第一阶段,需要他人帮助进入第三阶段。对于一个已经度过第一阶段并进入第三阶段的网络"老手",也仍然有可能出现滥用,如他寻找更有吸引力的聊天室、新闻组或 Web 站点等。

3. 专家建议

治疗网络成瘾在医学界一直存在着不同观点。有专家认为,这纯属心理疾病,无须吃药;有专家认为网瘾受体内的某种"系统"支配,必须进行药物治疗。

现在对于"网瘾"的治疗,国内有三种不同的观点。

第一种是以陶宏开为代表的"三心"治疗法,即爱心、耐心、关心。这类观点认为,"网瘾"的出现源于青少年缺乏爱,应该补充爱。治疗主要侧重于心理和环境上的因素,主要与"上瘾者"谈心交流,不必进行生理治疗。

(1) 时间管理技术。这类方法的核心在于通过提高个体的自我效能感和给予适当的支持,帮助个体发展一种积极的应对策略以取代消极的成瘾行为。具体做法是:第一,打乱个体惯常的网络使用时间表,让其适应一种新的时间模式,从而打破其上网的习惯;第二,运用闹钟等外部手段促使个体按照咨询人员的安排准时下网,从而逐步削减上网时间;第三,设定合理的小步子目标。

(2) 警示卡。在很多情况下，成瘾者由于具有错误的思维方式，往往会夸大面临的困难，并缩小克服困难的可能性。为了帮助成瘾者将精力放在减轻和摆脱成瘾行为的目标上，可以让成瘾者分别用两张卡片列出网络成瘾导致的五个主要问题和摆脱网络成瘾将会带来的五个主要方面的好处。然后，让成瘾者随身携带这两张卡片，时时处处约束自己的行为。

(3) 自我目录。让成瘾者列出网落成瘾之后被忽略的每一项活动，并按照重要性进行排序。然后，让成瘾者说出最重要的活动对其生活质量有何重要意义。通过这样的训练，可以让成瘾者意识到自己以前在成瘾行为与现实活动之间所做的选择。更为重要的是，可以让成瘾者从真实生活中体验到满足感和愉悦感，从而降低其从网络环境中寻求情感满足的内驱力。

(4) 支持群体。让个体参加诸如互助小组、独身者协会、陶艺班等，提高个体结交具有类似背景的朋友的能力，从而减少对网络群体的依赖。

(5) 家庭疗法。主要包括以下几个方面的问题：让家人明白网络具有强烈的致瘾倾向；减少对成瘾者的责备；与成瘾者就其成瘾的原因进行开放式交流；鼓励家人通过倾听成瘾者的感受，与之外出度长假或帮助其培养新的爱好等措施促进其恢复的进程。

(6) 行为契约法。具体做法是让成瘾者与家人或朋友共同制订行为契约，接受外界的监督。

第二种观点则主张"网瘾"是一种生理上的疾病，必须通过一些抗焦虑、镇定的药物来治疗，必要的时候还必须进行手术。

(1) 中西医结合治疗：给予中药调理加西药治疗，使患者体内逐渐恢复"奖赏系统"的平衡。

(2) 物理疗法：采用物理仪器，调整患者体内的内分泌平衡，从而逐步恢复体内"奖赏系统"的平衡。

(3) 注意饮食：要多吃一些胡萝卜、荠菜、芥菜、苦瓜、动物肝脏、豆芽、瘦肉等含丰富维生素和蛋白质的食物。

第三种观点是第一种观点和第二种观点的结合，主张建立脱瘾中心，对"上瘾者"进行综合疗法，从生理、心理、药物各方面"多管齐下"。比较流行的有"五步脱瘾法"。

第1步：相似接纳法。为了取得有"网瘾"青少年的信任，治疗者对热门的网络游戏都会几招，了解各种最新信息，陪服务对象一起去网吧玩。只有取得他们的认同，才能真正了解他们，找出他们沉迷网络的真实原因。

第2步：危害认识法。意识到"网瘾"的危害，才能产生"脱瘾"的意愿。每个人网络成瘾的原因都不一样，所以一定要找准切入点，击中要害。

第3步：递减控制法。戒网瘾是一个过程，莫急于求成。第一周，每天上5小时网；第二周，每天上4小时网。如此递减，直到减少到不影响自己的正常学习生活为止。

第4步：地位替代法。网络成瘾，往往因为可以在虚拟世界中获得现实生活无法体会的满足感。因此，治疗者可以组织各种活动，让"网瘾"者多参与。不时给予他们各种鼓励，让其在现实中获得肯定。

第5步：改变环境法。改变"成瘾"少年所处的环境，让家长也认识到孩子上网成瘾中家庭存在的问题，使家长也多用鼓励的方式与孩子沟通，达到联动的最好效果。

青少年网络成瘾是一个复杂的问题，当前，有许多社会机构从事青少年网络成瘾的治疗、教育工作。有一些网瘾少年虽成功戒除了网瘾，但也产生了类似电击疗法等纠纷。青少年的网络成瘾问题，家庭要承担绝大部分的责任。无论是行走学校、戒网瘾夏令营，还是网瘾治疗中心，家长如果幻想在几个月内通过它们就能把十几年积累下来的教育问题统统解决掉，幻想只要舍得掏钱、舍得让孩子吃苦，孩子就能脱胎换骨，自己就能轻轻松松推卸掉肩上的监护责任，那么最后只能陷入更深更隐蔽的泥沼之中。

五、缺乏责任心

1. 典型案例

小羽现在上初二，学习成绩不理想，初一曾留过一级。小羽家境不好，但父母对他很宠爱，所有的家务活都不要小羽沾手，能够帮小羽做的，父母都替他包办，对于小羽提出的要求，他们总是尽量满足。小羽在外面闯了祸，最后出场收拾残局的也总是父母。

小羽的性格很叛逆，才15岁，他就认为自己已经是一个成年人，觉得自己有能力养活自己，常和父母要求平等待遇。一次他又在学校闯祸，玩打火机的时候，把教室的窗帘点着了，险些酿成火灾，班主任和校长非常恼火，最后学校决定让其转学。小羽的父母只好联系新的学校，新学校开出的择校费是两万元，这对于小羽的家庭来说，差不多是一年的收入了。

事情发生后，小羽不想上学了。母亲担心此事伤害到孩子"弱小的心灵"，要去求原来的学校，小羽却表现出一种无所谓的态度。他认为自己没什么大错，如果上不了学可以去打工、做生意。父母亲根本说服不了他，不知道该怎么办。

2. 问题表现及原因分析

小羽是一个缺乏责任心的孩子。闯了那么大的祸，父母急上心头，他依然觉得自己没什么大的过错，其父母错误的家庭教育难辞其咎。

大多数的爸爸妈妈经常对孩子这样讲："孩子，我们不需要你为家操一点心，只要你做个好学生，将来有所作为，我们再苦再累也心甘情愿。"如果孩子是爷爷奶奶或者外公外婆带，这种现象只怕更严重。

然而，父母长辈不让孩子为家操一点心，实际上就是剥夺了孩子的责任心，没有责任心的孩子，将来又怎么能有所作为呢？我们父辈那一代，生活异常艰苦，孩子们更多地参与家庭的生活筹划，帮助爸爸妈妈持家守业，照顾兄弟姐妹。他们知道父母亲谋生的不容易，自己必须为爸爸妈妈承担一部分责任，尽自己的义务照顾弟妹，省吃俭用为家里减少生活负担……看见爸爸妈妈为照顾一家人的生活而辛苦劳作，便会感到自己肩上的责任，希望有一天能够为爸爸妈妈解忧去烦。这一切都使孩子从小看到自己生活的意义，看到自己的行为能给他人带来影响，感到自己是为人所属的，是有用处的，从此产生自豪感和责任心。随着孩子年龄的增长与社会接触面的扩大，这种责任心与自豪感的内容也会增长、扩大，成为一种社会责任感。

今天，青少年责任心的缺失已经成为教育的重大问题。一项网络调查发现：有74.1%的网友认为，我国教育体制中目前最缺乏的是责任心教育。然而，对于什么是责任，许多教育者并没有很深刻的思考。

责任，从本质上说，就是一种与生俱来的使命。人们一生一世都要追求它，通过它走向优秀，它伴随着一个生命的始终。科尔顿说："人的一生中只有一种追求，一种至高无上的追求——就是对责任的追求。"

无论你想干不想干、愿意不愿意，只要是好事，都必须去做，而且都必须做好。这就是义务，也就是责任。英国王子查尔斯曾经说过："这个世界上有许多你不得不去做的事，这就是责任。"

20世纪初的一位美国意大利移民曾为人类精神历史写下灿烂光辉的一笔。他叫弗兰克，经过艰苦的积蓄开办了一家小银行，但一次银行遭抢劫导致了他不平凡的经历。他破了产，储户失去了存款。当他带着妻子和四个儿女从头开始的时候，他决定偿还那笔天文数字的存款。所有的人都劝他："你为什么要这样做呢？这件事你是没有责任的。"他回答："是的，在法律上也许我没有责任，但在道义上，我有责任，我应该还钱。"

偿还的代价是30年的艰苦生活，寄出最后一笔"债务"时，他轻叹："现在我终于无债一身轻了。"他用一生的辛酸和汗水完成了他的责任，而给世界留下了一笔真正的财富。

世界上没有那么多伟人，没有那么多惊天动地的大事，更多的是"涛声依旧，重复着昨天的故事"，大多数人是默默无闻，负责任地重复工作，脚踏实地，努力勤奋，把简单重复的工作一遍遍做好，这就是责任。

今天，我们已经把责任上升到伦理的层面，责任成为世界各国公民教育的核心价值观之一。爱默生说："责任具有至高无上的价值，它是一种伟大的品格，在所有价值中它处于最高的位置。"

一个没有责任感、没有价值观的孩子，因为找不到自己生命在社会中的地位与重要性，便会感到迷惘，进而失去进取的动力，并容易为其他一些物质性的事物所吸引，并沉溺其中。一个对自己的行为后果没有责任心的人是社会化的一种失败，他将很难形成社会的归属感，很难适应社会生活。因此，爸爸妈妈们要重视培养孩子的责任心。

在美国，从幼儿园开始，孩子们就轮流担任老师的助手，帮助老师组织各种活动，以锻炼责任感和能力，孩子们都很愿意参与，并为自己日渐增长的能力感到自豪。美国一个小学生因破坏性行为受到停乘校车一周的处罚，孩子只好每天步行上学。有人问他的母亲为什么不用家里的汽车送他上学，孩子的母亲坚决地说："不，他应该对自己的行为负责！"这事如果发生在我们身边，很可能出现两个结果：一是家长出面与学校交涉，甚至吵到教育局，要求撤销对孩子的处罚；二是家长自己开车送孩子上学。这里就折射出两种不同的教育观。

责任心的弱化问题原因是多方面的。随着社会的发展，大多数家庭物质生活水平提高了，孩子的成长环境比以前要优越许多。特别是独生子女，得到的家庭关爱是无微不至的，有的家庭什么也不用孩子管，家长让子女好好读书，自己再苦再累都心甘情愿，但这样换来的并不是孩子对自己的更高要求，而是更加懒惰。在这样的家庭中生活，孩子被父母关爱的网紧紧罩住，未来的蓝图已被画好，自己的目标也要靠父母去设定，大部分孩子都有一种不愁任何事的感觉，好像什么都与自己无关。

责任心的缺失，必然造成学习动力的丧失。许多孩子学习不佳多数是责任心方面出了问题，自我克制能力不同，学习效果就不同，学习愿望就更不相同。苏霍姆林斯基说过："如果孩子们没有学习的愿望，我们的所有想法、方案和设想，都会变成灰烬，变成木乃伊。"

对于这一点，教师也常常感到很困惑。一位班主任这样描述她所见到的现象：

每天上学，家长帮忙提书包、拿水壶的不在少数，很多学生的书包也是家长帮忙收拾，书包里装了些什么学生自己不清楚，也就必然缺乏保管物品的责任心。学生热了，就把衣服脱了扔给家长。体育课上脱了衣服，丢在一边，下课甩甩手就走了，似乎拿衣服不是自己的责任。

很多家长出手大方，学生零花钱多。像红领巾这样便宜的东西，一块钱能买两条，丢了马上买一条就是。即使像口琴这样七八十块钱的东西，丢了家长也会再买，学生自然觉得丢了无所谓，就不会费心去找。

相信这位班主任看到的也正是在许许多多学校存在的现象。应该说，对于青少年的责任心问题，全社会的重视程度正在空前加强。发生在2008年5月12日的汶川大地震，也使整个社会对曾被冠以"叛逆、自我、冷漠"标签的"80后"一代有了全新的看法。在这场突如其来的大灾难面前，不管是徒步跋涉、向灾区急行军的突击队，还是冒着生命危险的空降兵；不管是哭喊"让我再救一个"的战士，还是晕倒在抢救现场的武警；不管是用自己的乳汁哺育劫后幸存婴儿的母亲，还是自己失去孩子却几天几夜不休不眠坚持抢救受灾者的警花，这些"80后"的杰出代表以及更多的年轻群体，自发地、理性地、坚定地以各种方式支援灾区，令世界震撼，令国人动容。

因此，尽管在微观领域，青年学子责任心缺失的情况比较普遍，但是在民族和国家的危急关头，他们仍然能迸发出巨大的能量，这一点足以让教育者欣慰。

3. 专家建议

要培养孩子的责任心，家庭应当首先承担教育子女的责任。

父母亲要有意识地交给孩子一些任务，锻炼孩子独立做事的能力。随着孩子年龄的增长，父母要逐步教孩子自己的事情自己做。做之前提出要求，家长要鼓励孩子认真完成。孩子遇到困难，家长可在语言上给予指导，但是一定不要包办代替，让孩子有机会把事情独立做完。孩子好奇心强，什么都想去摸摸、去试试，但是随意性很强，做事总是虎头蛇尾或有头无尾，所以交给孩子做的事情，哪怕是很小的事情，家长也要有检查、督促以及对结果的评价，以便培养孩子持之以恒、认真负责的好习惯。

在日常生活中，还可适当地让孩子了解一些父母的忧虑和难处，提出一些问题，引导孩子独立思考和选择，大胆发表自己的见解。让孩子感到家庭的美满幸福，要靠爸爸妈妈和自己的共同参与，进而增强孩子对家庭的责任心。

在孩子犯错时,要鼓励孩子勇敢地承担责任。例如,孩子跟着爸爸妈妈到朋友家做客,不小心损坏了物品。这时应该让孩子知道,是由于自己的过错,才造成了这种后果,应当给予赔偿。之后,一定要带孩子一起买东西去朋友家道歉。我们应让孩子从小意识到,自己的行为后果要由自己负责。

对于孩子不合理的要求和做法,家长要坚持原则,该承担的后果要让孩子自己去体验。例如,在吃饭时间,孩子不肯好好吃饭,就先让他停止进食,家长用不着端着饭碗追着孩子去喂,要等到他饿了以后再对他进行教育。

著名教育家茨格拉夫人说:"必须教育孩子懂得他们不同的一举一动能产生不同的后果,那么随着时间的推移,孩子们一定会变得很有责任感的。"

一位外国妈妈带着8岁的女儿到中国山东一户人家做客。女主人对外国友人的到来非常重视,特别学习了西餐的做法。她对外国母女说:"今天我做西餐给你们吃,你们尝尝中国人做的西餐味道好不好。"

8岁的女孩听女主人要给她们做西餐,心想:中国人做西餐肯定不好吃。于是,当女主人问她吃不吃的时候,小女孩坚定地回答:"我不吃。"

等女主人把西餐端上来的时候,小女孩一眼就看到了漂亮的冰激凌。这么好看的冰激凌味道肯定很好!小女孩有点迫不及待地对妈妈说:"妈妈,我要吃冰激凌。"

女主人很高兴小女孩能够喜欢自己做的冰激凌,就高兴地把冰激凌端到小女孩面前,说:"来,吃吧!"

谁知,女孩的妈妈严肃地对女主人说:"不行,我女儿说过她不吃西餐,她得为自己说过的话负责,今天她不能吃冰激凌!"

女儿着急地哭起来:"妈妈,我就想吃冰激凌!"但是,女孩的妈妈根本不为所动,只是对女儿淡淡地说:"你得为自己负责。"

女主人看着这个场面,觉得女孩的妈妈也太认真了,就说:"给她吃吧,孩子总是这样的。"

女孩的妈妈正色对女主人说:"亲爱的,我们要培养孩子的责任心。"结果,无论女孩怎么哭闹,她妈妈就是不同意让她吃冰激凌。

(唐伟红、崔华芳,2005)

学校也应当在德育课程中开展对青少年学生责任心的教育。教育内容应当包括五个方面:

(1) 对自己负责:珍惜生命,注意安全,养成良好的行为习惯;爱惜名誉,诚实守信;学会求知,学会生活,成人成才;维护自己的正当权益。

(2) 对家庭负责:尊重父母,经常就学习、生活、思想情况与父母沟通;生活节俭,主动承担力所能及的家务劳动,学会自理;体贴、关心长辈,主动为父母分忧。

(3) 对他人负责:尊重他人的人格、信仰和习惯;尊重老师和同学,主动问候,虚心接受他人的意见;同学、朋友间团结互助,真诚相待;尊重他人的隐私权,不侵犯他人的合法权益。

(4) 对集体负责:遵纪守法,服从组织,积极参加各类实践活动;爱护公物,保持校园整洁优美;热爱集体,维护集体利益,确立主人翁意识,主动承担集体任务,为集体争光。

(5) 对自然环境负责:热爱自然,爱护环境,敢于制止破坏、污染环境的行为;积累科学的环保知识,从身边小事入手,维护周边环境。

班主任老师应把培养学生的责任意识列入常规管理。在班级中,提倡少数服从多数,以班集体为重,同学之间要互相谦让,互相关心,互相帮助,要学会尊重别人。在班级工作中,如值日生、大扫除、黑板报、排放自行车等,明确职责,责任到人,让每个学生都有锻炼的机会,并且要加强检查和督促。

负责通常都是与认真联系在一起的,责任体现在认真中,责任体现在细节中,责任体现在认真仔细的让人放心中。

学校和班级要组织丰富的校园主题活动,以增强学生的主体意识,培养学生的主人翁责任感。政教处、少先队、学生会、团委等部门要想方设法为学生创设自主管理的氛围和途径。可将自习课、内务卫生评比、食堂就餐纪律、宿舍纪律管理、校风监督等工作交由学生参与管理，让学生通过不同的角色转换，体验到管理者的艰辛，从而产生对管理者的理解，进而培养自己的责任意识。

此外，团队合作能力的训练也能使学生明确自己的责任。学校通过组织学生社团，让学生以团队的名誉去共同完成任务，在这一合作的过程中，学生切身认识到完成一项任务不是单枪匹马可以做好的，必须和别人合作，一起共同努力才有可能取得成功，而自己的所有行动必须和其他成员协调，自己的利益和他人、集体的利益应该一致。当因为个人的努力使整个团队获得成功，那种源自于责任感的自豪之情将会铭刻在学生内心深处。

培养社会责任感的另一个途径是让学生在社会工作中去体验与实践。学校和教师应创设机会让学生参加志愿者服务工作、到社区去做义工、参加校外劳动、到贫困地区进行社会考察和社会实践，这些活动将极大地开阔学生的视野，使学生的心灵受到震撼，尤其会让学生学会从整个社会的角度思考问题，将自己放到国家和社会这个更加广阔的平台上，有利于树立学生远大志向。

最后，教师和同学之间的相互感染，也会产生积极作用。"老师这样负责任地教我们，我们不努力学习，像话吗？""某某家庭那么困难，不但要认真学习，放学后还要照顾瘫痪在床的母亲，我们的条件这么优越，还强调客观因素，不觉得惭愧吗？"教师与伙伴的榜样作用必将起到引路作用，使学生的责任感油然而生。

第五章

心理问题

"角落中的孩子"独处一隅,冷眼旁观这个世界,眼中没有希望,身边没有关怀。其实,我们每个人都可能是"角落里的孩子"。教师和家长应用一颗爱心去关注、信任、理解、支持孩子,这样孩子才不会因为缺乏心理的满足而出现种种问题。

本章将从暴躁、人际关系障碍、离家出走、早恋和考试焦虑五个方面对心理方面的问题学生进行分析,探讨这些问题产生的原因和预防解决的方法。

一、暴躁

1. 典型案例

李晓出生在一个普通家庭,父母都是工人,家境一般。其父亲长得比较威猛,对儿子要求严格,但方法比较简单粗暴,有时要打李晓。母亲态度和善,班主任与她接触时感觉比较通情达理。

初一第一个学期,因为欺负同学被班主任批评,李晓不服,与班主任顶嘴,刚说了两句,李晓就呼吸急促,脸色发白,全身颤抖,并且大吼大叫:"我从来就没有怕过老师,小学里我就跟三个老师打过架!!!"当时,李晓的情绪难以控制，用拳头猛击办公室的门。班主任联系其父亲到校。李晓见到父亲后就像是泄了气的皮球，一句话也没有，脾气没了，状态也镇静了。问题很快解决，而且李晓在班级里表现好了一段时间。

到初一第二个学期，因为自习课吵闹，被班主任批评，李晓自己把课桌搬出教室，说这样就不会影响其他同学了。当时外面正在下雨，他自己去操场跑步，说是要让自己筋疲力尽，这样就不会说废话影响其他同学了。

李晓在学习中非常情绪化，喜欢的学科基本上每次都考90分以上，不喜欢的学科则不及格。在喜欢上的课上，他表现非常出色，知识渊博，思维敏捷，反应极快。在不喜欢的课堂上，他注意力很不集中，自顾自做其他的事情，根本不听老师的劝告。如果老师批评，很可能出现大发脾气的现象。在情绪比较平静的时候，他知道自己的缺点，说自己自控能力太差，但是受到刺激又会情绪失控。

2. 问题表现及原因分析

暴躁是指在一定场合受到不利于己的刺激就暴跳如雷的人格表现缺陷。暴躁有相当的情景性，并不是在任何场合都会显露出这种心理问题。暴躁一般是在熟人或亲朋好友之中才暴露无遗，而在生人或生疏的环境中则能控制。因为在熟人或亲朋好友中可以无所顾忌，所以一不顺心就会激动愤怒，甚至争吵谩骂，而在陌生场合，为了保持自己的气度和自尊，即使受到不利于己的刺激也会尽量忍耐，所以除了平时经常与之接触的人以外，其他人未必能发现。

处于发育期的青少年，经常会表现出缺乏耐性、脾气暴躁，甚至会对父母、亲友或教师有侵犯性的言行。为什么会这样呢？科学家发现，这完全是一种正常的生理现象，因为青少年的中枢神经系统正处于高速生长的阶段。

美国脑神经科学家对11岁左右的青少年（青春期的开始年龄）进行的实验证明，这一时期的孩子在感知、情绪等方面做出的错误判断最多，到大约7年之后，也就是基本完成生理发育的时候，他们才能比较准确地判断感情。

科学家让接受实验的青少年辨识一组肖像，接下来让他们说出肖像的表情：是生气、幸福，还是中立的无表情？然后将青少年判断的结果与年轻成年人的判断对照。他们发现，青少年的判断与成年人大不相同。科学家说，11岁左右的青少年，正处于大脑前额叶皮层（在前额骨后）发育的阶段，大量的神经连接正处于"改造"之中，而大脑前额叶皮层对感情、道德等情绪有影响，并负责产生行动的神经冲动。大脑的其他部分，在这一年龄之前基本发育完毕，前额叶皮层是大脑最后发育的部分，发育过程伴随整个青春期。这就导致发育期的青少年有感情判断失常、举止暴躁等表现，如果他们顺利度过这一阶段，那么就会一切恢复正常。

当然，除了年龄阶段的特征之外，的确存在一部分学生比同龄人更显得暴躁易怒，此时，暴躁体现为这些学生的独特的不良个性品质，这通常见于性格外向兼有神经质倾向的青少年。其主要表现包括：沉不住气、易受激惹。听到一句不顺耳的话就火冒三丈，唇枪舌剑加以还击，甚至拳脚相加；受到一点刺激便大发雷霆，大声怒吼斥责别人，脸涨得通红。在发脾气时，他们对老师的批评不服气。本例中的李晓同学就是这样的一个典型个例。

不可否认，暴躁作为一种个性倾向，同遗传素质有一定的联系，暴躁的孩子，其家庭里常有类似的成员，比如父亲或母亲，也可能是爷爷或奶奶脾气暴躁，受长辈影响和神经类型的遗传，孩子也变得脾气暴躁。

更多的时候，孩子暴躁与不当的家庭教育有关。家庭教育中的放纵、溺爱是暴躁脾气铸成个性缺陷的重要原因。

（1）家人的溺爱。父母或爷爷奶奶过分疼爱孩子，总怕孩子受委屈，为了博取孩子的欢心，有求必应，而不考虑这种要求是不是适当，这样就逐渐使儿童滋生一种以自我为中心的意识。以自我为中心的孩子，无论做什么事，都是以自己的意志为转移，随心所欲，为所欲为。有时，父母觉得孩子的要求过于无理，本不想答应，但孩子一发脾气，就立刻加以满足，这是一种最糟糕的做法。因为孩子从这样的事情中知道，发脾气是满足愿望和要求的最有效的手段，于是就变得更容易发脾气，甚至造成恶性循环。

（2）家庭教育缺乏一贯性和一致性。今天禁止的事，明天便鼓励去做，父亲认为是好事，母亲说坏，爷爷同意的事情，奶奶偏要阻拦。这样就会增加孩子的受挫感，从而导致烦躁和暴躁。

（3）父母对孩子要求过分严格。孩子稍有过错或没有按要求去做或做得不好，父母就严加训斥甚至把孩子狠狠地揍一顿，这种做法会造成两种不良结果：其一，使孩子感到不满和压抑，这种不满和压抑会在以后的某种场合中表现出来；其二，父母的举动，为孩子提供了一个效仿的榜样，一旦环境适当，孩子也会表现出同样的暴躁和攻击性行为。除此以外，疾病与生理条件也是引发坏脾气的原因之一。神经衰弱的儿童特别容易兴奋、发脾气，处于疾病和疲劳状态中的孩子也常常有烦躁不安、易于发火的表现。

（4）挫折也是引起脾气暴躁的原因之一。受挫者往往想要发泄，因此稍受刺激便借机发泄。压抑的敌意也是脾气暴躁的原因之一。例如，学生对教师有怨恨，但无法对教师发泄，这种怨恨长期被压抑，于是就会借任何一件小事发怒，以发泄心中的积怨，不论谁惹了他，他都会与之作对，并大发脾气。

3. 专家建议

针对儿童暴躁的原因不同，采取的教育方式也应有所差异。

（1）医学治疗。儿童气质分为三种主要类型，即难养型、启动缓慢型、易养型。难养型儿童生物功能不规律，对新事物和陌生人退缩，适应较慢，经常表现消极情绪且反应强烈。当然，孩子归哪一种气质类型，不能单凭某一点下结论，要综合起来全面评定。有些孩子的暴躁气质源于遗传因素，如基因、围产期危险因素（如低出生体重儿、早产儿等），甚至母亲怀孕末期的情绪障碍也会起一定作用。有的时候，孩子体内某些微量元素指标不正常，也会导致情绪反常。例如，铅中毒则会导致多动症状。此时，家长不妨带孩子去医院就诊，并辅之以一定的药物治疗，对于稳定孩子的情绪会有立竿见影的效果。

近年来的科学研究显示，儿童出现某些异常情绪或行为，除了因为患有疾病外，还可能与饮食不合理密切相关。由于偏食或挑食，儿童对某些营养素摄入过多或不足，也可能导致生理或心理出现异常。

- 肉类食用过多可致脾气暴躁。以肉类食物为主食，会使血液中儿茶酚胺水平升高，而这种物质浓度过高时，会使人脾气暴躁；素食可导致血中 5-羟色胺水平升高，使人心境平和，性情温顺。偏食肉类的儿童会产生暴躁易怒、喜动好斗、不听劝阻等不良表现，因此，儿童饮食应以荤素合理搭配为宜。
- 甜食过量可致脾气变坏。甜食过多会使体内血糖升高，糖在体内代谢需要消耗大量的维生素 B_1，体内一旦缺乏维生素 B_1，会使丙酮酸、乳酸等代谢产物蓄积，在脑组织内蓄积过多时，可引起爱激动、好哭闹、多躁动等现象。
- 缺乏钙、维生素 C，易致情绪不稳定。钙有抑制神经兴奋的作用，儿童缺钙则会出现情绪不安、易激怒、疲乏无力等表现。如果饮食中维生素 C 不足，人的中枢神经系统功能就会降低，也会造成情绪不稳定。
- 缺乏 B 族维生素，易致烦躁焦虑。维生素 B_1、B_2、B_6 能调节神经功能，促进感觉和记忆的形成，有利于健脑强身。如果饮食中 B 族维生素缺乏，就会造成精神亢奋，情绪失控。

此外，过量喝咖啡，则会因体内咖啡因的过量积聚而引起过度兴奋和肠痉挛。为了孩子的身体和心理健康发育，父母应科学安排儿童的饮食，尤其要纠正偏食挑食的不良习惯，做到饮食的多样化，要荤素搭配、粗细结合、酸碱平衡。

（2）冷处理。在家庭生活中，由于孩子对自己情绪的控制能力比较差，他们时不时地发"小脾气"是常见的事情，有时不见得是什么异常现象，也不需要特别地加以"控制"，大人采取视而不见的冷处理办法，孩子的脾气可能很快就烟消云散，正所谓来得快、去得也快。这时若加以"控制"反而不一定对孩子有什么好处,只要孩子的脾气不是太过火,对别人不造成损害,可以随便由他,这样,孩子就会发现,发脾气并没有什么好玩之处,其脾气可能就会越来越小,最后也许就很少发脾气了。

采用冷处理的原因是基于处于青春期的孩子控制自身情绪的能力薄弱,如果不是疾病的原因,孩子有时情绪失控应当属于正常现象。家长和教师切不可过分敏感,乃至激化矛盾,造成不可挽回的后果。当孩子冷静下来之时,他必定会意识到自己的错误。等到度过青春期进入成年期,孩子的情绪和情感处理能力自然会成熟起来,此时回首往事,一定也会对自己曾经的不懂事感到愧疚。

当然,提倡冷处理并不是对孩子的坏脾气不闻不问,也要分场合和原因。冷处理的目的是为了让孩子学习控制情绪,而要做到这一点,首先应尽量做到使孩子在合理范围内有充分表达情绪的权利,因为孩子能够充分地、合理地表达自己的情绪,正是孩子心理发育基本健康的标志。但是,孩子毕竟是孩子,他的情绪表达方式难免会有偏颇,有时会发生对己和他人都不利的情绪过激现象。例如,孩子因发脾气与别的孩子争吵打架,可能伤着自己和对方,冲着长辈和老师发脾气则是不礼貌行为,或者脾气上来顿足捶胸、摔砸物品等都是不合情合理的。遇到这些情况时,父母不应视而不见,而要采取一致意见进行严厉制止,让孩子知道发泄情绪也应有一定的界限,自己发泄情绪不应损害别人的利益和物品。孩子长大一些时,家长则尽量鼓励孩子用语言表达自己的情绪,告诉他遇到问题时要讲道理、说缘由,而不要动不动就乱闹、发脾气。

(3)疏导分析。生活中经常会发生一些不快事件,这些事件会影响人们的情绪,尤其是遭受挫折时,人们会沮丧、抑郁,儿童也不例外。例如,孩子在学校没考好、没评上三好学生等,这时比较要强的孩子就会出现明显的挫折感,显得不高兴,怕同学、老师看不起,也可能怕家长责怪,表现得话少、紧张、沉默,如果孩子能够在较短时间内自我调节过来,那么家长就不必担心;如果孩子经过一段时间还是情绪不好,父母就应该干预。比如,孩子因为考试成绩差了一些而不高兴,父母可以根据具体情况帮孩子分析原因：考不好是不是因为粗心大意？是不是对某一道题理解错误？是不是学习不够用功？找到原因后不应该过分批评孩子，而应鼓励孩子在以后多加把劲，平时把功课学好，考试时注意细心检查，以后就能考好。要告诉孩子一次考试成绩差一些并不能说明太多问题，也不能代表你就是一个笨孩子，老师也不会看不起你。必要时可帮助孩子把期望值放得低一些，不要总是和第一名、第二名相比，经过诸如此类的疏导和分析，孩子可能就会变得心平气和了。

（4）以身作则。无论孩子的脾气暴躁是否气质问题，都有可能通过教育引导、行为矫正等予以改变。这其中，家长和教师以身作则能起到相当大的作用。在生活和工作中，每个人都会遇到不如意的事情，如果家长动辄发脾气，教师动辄大怒，却批评情绪失控的学生，一定起不到教育作用。

如果发现儿童的暴躁脾气部分来自家长和教师自身的性格缺陷，那么，教育者应当坦率地跟儿童承认自身的错误，以身垂范，和儿童约定一起改正自己的坏脾气，并且及时将心得体会和儿童交流。

- 承认自我。勇于承认自己爱发脾气，以求得他人帮助。如果周围人经常提醒、监督你，那么你的目标一定会达到。
- 意识控制。当愤愤不已的情绪即将爆发时，要用意识控制自己，提醒自己保持理性，还可进行自我暗示："别发火，发火会伤身体。"有涵养的人一般能做到控制。
- 反应得体。当遇不平之事时，任何正常人都会怒火中烧，但是无论遇到什么事，都应该心平气和、冷静地、不抱成见地让对方明白他的言行之所错，而不应该迅速地做出不恰当的回击，从而剥夺对方承认错误的机会。
- 推己及人。凡事要将心比心，就事论事，如果任何事情，你都能站在对方的角度看问题，那么，很多时候，你会觉得没有理由迁怒于他人，自己的气自然也就消失了。
- 宽容大度。对人不斤斤计较，不要打击报复，当学会宽容时，你爱发脾气的毛病也就自行消失了。

以上结论如果是在和儿童讨论的过程中由儿童自己得出，则教育效果更佳。

（5）转移情境。对于年龄较小的孩子可用转移注意力的办法，引导他们玩最喜欢的玩具，做最喜欢的游戏，这也是比较有效的方法。因为孩子发脾气的一个重要目的是想得到家长的注意。只要孩子没有什么危险，家长就不要去理他们，可转身走开或继续做自己的事。这样孩子就会意识到发脾气也没用，从而减少这种行为。但孩子在最终放弃这个行为前，会加倍哭闹，家长要坚持住。当然，完全的冷处理有时显得过于冷酷，尤其是当老人在场时实施起来有难度，此时，转移情境就会显得更有效。

例如，当孩子因为希望看电视的要求没有得到满足而发脾气时，作为第三者的家长可以出面，展开另一个话题，如询问孩子昨天在学校的表现，或者把孩子直接带离现场，参与另一项工作。

转移情境实际上是给孩子一个台阶，尤其是在双方僵持不下时采用，效果尤佳。

（6）正强化。孩子暴躁乱发脾气固然是不好的表现，应当批评，但是从心理学的角度来说，批评不是教育孩子的最好方式。教育者要切记，正常心智的孩子都会有正确的是非标准，他们通过教育者的反应，也会意识到自身的哪些行为是对的、哪些行为是错误的。因此，试图通过批评来强化儿童的是非观念就显得并不那么必要。

相反，当儿童意识到自己的错误并有所改正，尤其是当他们用正确的方式而不是用发脾气来表达自己的不满或引起家长和教师的注意时，家长应当及时给予表扬和鼓励。在心理学上，这叫作正强化。当正强化的行为背景出现时，教育者应当及时把握机会，进行肯定，使儿童的良好行为得到巩固，从而更好地控制自己的情绪。

二、人际关系障碍

1. 典型案例

晓勤和她的好朋友雯闹翻了。闹翻之后两人又有了新的朋友。这件事对晓勤打击很大。晓勤表现得非常暴躁，经常有意无意地与雯制造一些摩擦，雯百般容忍，但是晓勤不见收敛，反而越来越嚣张，竟然放出谁跟雯做朋友就找谁的麻烦之类的话。班主任只好找晓勤谈话。

班主任是从晓勤最近一段时间的表现开始的，班主任问晓勤："为什么最近情绪很不稳定，成绩也下降得很厉害？"

晓勤回答说："我原来和雯是好朋友，可是前不久因为一个误会就不好了。后来她又找了别人做朋友。她怎么可以这样呢？"

班主任说："大家都有各自寻找朋友的自由，你现在自己不是也有新的朋友吗？为什么就不能允许别人有新朋友呢？"

晓勤回答说："反正我就是很生气。她就是不和我好了，也不应该和别人好。"

班主任哭笑不得。晓勤明显存在人际关系的障碍，她把好朋友当成了自己的私有财产。

2. 问题表现及原因分析

班主任通过家访，了解了晓勤行为背后的原因。晓勤从小由老人带大，老人及父母都对她十分宠爱。平时她在家里常常颐指气使，是典型的小公主。她喜欢的东西就一定要得到，为了达到自己的目的常常使用各种手段来要挟家长就范。事实上，她的要求也基本上会很快得到满足。

然而在学校里，就不是所有人都这样让着她了。尤其是晓勤极端自我中心的行事方式和狭隘的思维逻辑让她在同学当中很不受欢迎，常常与同学发生不愉快的事情。

在青少年成长过程中，会碰到许许多多的问题。美国著名心理学家埃里克森认为，个体的发展包含生理、心理、社会三个相互联系而又各自独立的过程。他认为，一个人从生到死，其自我发展经历八个连续的阶段，每一个阶段都有核心任务和成长危机。如果这些核心任务不能顺利完成，成长危机无法顺利解决，就会产生心理—社会危机或出现情绪障碍，为后一个阶段带来麻烦，从而影响一个人的自我成长。在现代社会，随着经济的高速发展，儿童的成长环境却不容乐观。一方面，父母亲忙于工作，无暇教育子女，而将这一任务更多地交由老人完成，造成儿童的认知缺失；另一方面，随着电视机、手机、电脑、DVD机、套房和别墅等的普及与增多，人与人面对面的交流越来越少，少年儿童在人际关系方面的问题越来越突出，甚至比学习问题还要严重。尤其当一个班级的学生基本都是独生子女的时候，这种学生之间的交往障碍就成为一个非常普遍的问题。

青少年学生的人际交往障碍原因复杂，常常许多因素交织在一起。大体来说，有以下几种因素：

（1）认知障碍。青少年学生的交往特点有两个：一是理想化；二是自我中心。前者使学生常常喜欢事先设定理想的朋友标准，然后以此在现实中去寻找。而真实的朋友是有血有肉的真人，有很多缺点，也会发脾气，闹情绪，这使得学生几乎无法找到理想中的朋友。后者则更加普遍。他们遇事总是主观认定，当喜欢某人时，就觉得他的一切都是好的，当看某人不顺眼时，就觉得他的一切都有图谋。本例中的晓勤就是这样一个典型的例子。她的朋友是属于她的，即使两个人不好了，也不允许雯有其他的朋友。

（2）情感障碍。青少年学生情感丰富，缺乏理智和冷静客观的分析思考，遇事常常凭心理感受和情绪做决定，从而产生诸多情绪障碍。比较常见的有恐惧、孤僻、自傲、自卑、嫉妒等情绪。如果不能很好地控制，他们将深陷其中，无法自拔。

（3）人格障碍。人格是构成一个人的思想、情感及行为的特有统合模式，这个独特模式包含一个人区别于他人的、稳定而统一的心理品质，包括性格、气质等。从气质角度看，有些学生属于胆汁质，容易冲动，不能很好地控制情绪，事后常常后悔，遇事却无法克制。从性格角度说，有些学生属于内向型性格，胆小犹豫，在与人交往过程中总是被动接受，不愿意把自己的观点、看法直接表露出来；在愿望没有得到满足时，更多采取压抑的态度，很容易产生交往障碍。

（4）能力障碍。哈佛大学教授加德纳的多元智能学说指出，人际交往也是一种智能。有一些孩子不是不愿意与他人很好地交往，而是缺乏正确交往的智慧与能力。他们明明喜欢对方，想献殷勤，结果惹得对方讨厌；明明是想引起大家的注意，结果使别人反感。对这样的学生，我们不能简单地将之归为捣乱分子或有意破坏，而应从心理分析的角度耐心帮助指导他们。

3. 专家建议

人际交往能力固然有天生的成分，但是通过后天的实践，完全可以锻炼培养。以下一些途径可以有效地改善学生的认知障碍。

（1）提高认知能力。中小学生在成长过程中学会正确与人交往是必须经过的一关。心理学家认为，交往具有"整合""调节""保健"的功能。"整合"是指以个体为生活与生存单位的人，通过交往纽带而联结成为社会群体。"调节"就是协调人与人之间的行为，使之在社会生活中保持平衡，避免产生相互干扰与矛盾冲突。"保健"就是交往对个人的身心健康有利，我们要通过各种有效途径，采取各种有效方法，向学生讲明交往的重要性和必要性，促进学生积极、主动地进行交往。

当学生尝试与他人交往并发生冲突时，要引导学生正确地进行认识。特别是要学会放弃先入为主的主观思维，而能够换位思考，站在中立的角度看待问题。"人贵有自知之明"，要做到这点，必须正确地看待自己、认识自己。心理学把人对自我的认识称之为自我意识。自我意识作为个体内在的一种重要心理结构，被看作是个性的一个重要组成部分。它不仅是衡量一个人个性成熟的标志，同时也是整合、统一个性各个部分的核心力量，对人的认识及相关行为活动起着重要的调节和监控作用。心理学家科恩说，青年人发现自己的内心世界,其意义就像哥白尼太阳中心说引发当时的革命一样重要。

自我意识培养的渠道很多。具体来说,教师可以建议有人际交往障碍的学生每天坚持写情绪日记。每天记录自己的情绪变化,特别是那些情绪波动比较强烈的时刻,记录下当时的场景,尤其是自己的内心感受。记录的过程实际上就是反思的过程。在日记的最后,要求学生进行反思,并提出可行的措施和建议。同时,教师要教会学生做换位思考,多从别人的角度思考问题,而不是以我为主。针对有些学生只要自己有1%正确、别人有1%错误便理直气壮、振振有词的问题,教师可以设计相应的主题班会,或者将学生的表现做全程实录,等到学生冷静的时候播放给他看,必是很好的教材。

(2) 加强个人修养。个人修养缺失和性格缺陷常常是导致学生交往障碍的主要原因。有一些孩子总是受人欢迎,有一些孩子则恰好相反,人人讨厌,这与他们的个性品质密切相关。教师不妨在学生中开展什么样的人受他人欢迎的讨论,以此来引导学生形成良好的交际品质。通常来说,具备以下一些品质的人总是受人欢迎的:

- 真诚。"人之相知,贵相知心。"真诚的心能使交往双方心心相印,彼此肝胆相照,真诚的人能使交往者的友谊地久天长。
- 信任。美国哲学家和诗人爱默生说过:"你信任人,人才对你重视。以伟大的风度待人,人才表现出伟大的风度。"在人际交往中,信任就是要相信他人的真诚,从积极的角度去理解他人的动机和言行,而不是胡乱猜疑,相互设防。信任他人必须真心实意,而不是口是心非。
- 克制。与人相处,难免发生摩擦冲突,克制往往会起到"化干戈为玉帛"的效果。克制是以团结为金、以大局为重,即使是在自己的自尊与利益受到损害时也要如此。同时,克制不是无条件的,应有理、有利、有节,如果为一时苟安,忍气吞声地任凭他人无端攻击、指责,则是怯懦的表现,而不是正确的交往态度。

- 自信。俗话说，自爱才有他爱，自尊而后有他尊。自信也是如此，在人际交往中，自信的人总是不卑不亢、落落大方、谈吐从容，绝非孤芳自赏、盲目清高，而是对自己的不足有所认识，并善于听从别人的劝告与帮助，勇于改正错误。培养自信要善于"解剖自己"，发扬优点，改正缺点，在社会实践中磨炼、摔打，使自己尽快成熟起来。
- 热情。在人际交往中，热情能给人以温暖，能促进人的相互理解，能融化冷漠的心灵。因此，待人热情是沟通人的情感、促进人际交往的重要心理品质。

(3) 学习交往策略。有些孩子嘴巴比较甜，左右逢源，我们称之为会做人，情商比较高。反之，有些孩子不说话还好，一说话就讨人嫌，坏就坏在一张嘴上。因此，在与人交往中，不同的处事方式对结果的影响十分巨大。美国成功学大师卡耐基的系列著作虽然是针对成年人的，但是对于包括青少年儿童在内的所有人和人之间的交往都具有指导意义，他提出的一些人际交往策略，我们应当作为准则来遵守。我们应当要求学生在人际交往中做到：

- 学会肯定对方。人类普遍存在自尊的需要，只有在自尊心高度满足的情况下，人才会产生最大程度的愉悦，才会对人际交往中对方的态度、观点易于接受。特别是处于青春成长期的学生，自尊心极强，因而在交往中首先就必须肯定对方，尊重对方，这是成功交往的一半。
- 善于倾听与恰当应答。在人际交往中，善于倾听对方的谈话，尤其是善于倾听带着某种情绪、心情不佳者的谈话，并做出适度的应答，可以反映一个人的素养和交往技巧。当对方向你表达他的烦恼与不快时，最好的应答就是认真倾听，听清问题产生的前因后果、症结所在，搞清问题的情景。
- 真诚热情。在人际交往中，若对方能感到你的真诚与热情，显然你会得到对方肯定的评价。所以，在交往中，你不但需要充沛的热情，而且需要坦诚言明自身的利益,并且真诚而又合情合理。这样,自然会得到对方的接纳,为成功交往架起一道桥梁。

- 与人为善,得理让人。与人为善,就是在与人相处中,处处考虑他人的利益,尊重他人的思想、情感和行为方式,同情他人的境遇,理解他人的苦衷。它表现了宽容的处世美德。在人与人的交往中,总会碰到他人偶尔出现的偏差和失误。"人非圣贤,孰能无过。"做了错事的人,大多有一种内疚感,其心境是很尴尬的,这时候,最需要别人的安慰和宽容。"得理让人",采取宽容的态度表示谅解,巧妙地给对方一个下台机会,既会使彼此交往变得更加融洽,也会使犯错误的人将深深的自责化作奋进的力量。

(4) 辅以心理治疗。人际交往障碍是一种心理疾病,情况严重者则需要心理专家介入进行治疗。每一所学校都设有心理辅导室,可请心理教师配合制订治疗方案。

心理治疗的方法很多,有一些方法完全可以在学校中通过课程来实施。例如,在西方发达国家的心理音乐治疗理论中,通过引导患者对歌曲内容、音乐旋律体验进行讨论,发掘其潜意识的情感矛盾,在认知层面进行干预,以达到改变错误认知的目的,从而促进人格体系的正常发展。无伴奏合唱形式被认为是治疗人际交往障碍的一种有效方式,通过演唱人员之间、指导老师与演唱成员间的互动、交流,学生从单声部的学习、练习到多声部的组合演唱过程,在完成个体情感、认知的自我认同基础上,既不失自我,又经历和他人相处的磨合,体会如何在集体的氛围里学会相互协作、默契配合,从而感悟合作的重要性,培养团队合作意识。整个活动过程的气氛轻松、愉快,效果十分明显。

三、离家出走

1. 典型案例

"五一"假期结束了,14岁的初二学生小龙却没有回学校上课。小龙因经常逃课到电子游戏室玩,且屡教不改,其班主任和任课老师曾于"五一"节前叫其家长带回家"协助"教育。不料,假期后第一天上班,小龙的奶奶就急急忙忙来到学校对老师说,小龙出走好多天没回家了。学校领导立即召开教师会议进行讨论,随后安排老师协助家长到小龙经常"光顾"的电子游戏室和亲戚家去寻找,还发动学生提供线索。但是,几个月过去了,仍未见小龙的影子,也没有任何音讯。

小龙因为迷上了电子游戏,经常被班主任宋老师批评。4月份,小龙连续上学迟到,班主任请小龙的家长到学校来把他领回去,并且要求小龙必须在家待两个星期以上才能上学。小龙的爸爸只好把小龙带回家,并不准他离开家。可没想到,小龙竟趁家长不备,离家出走。小龙的家长认为,小龙的出走是因为学校不许他上学的要求,学校应该承担责任;学校则辩解说,学校对小龙的教育已经仁至义尽,小龙是在家里出走的,学校不负任何法律责任。

2. 问题表现及原因分析

在上个世纪,未成年人离家出走的情况还不太多见,学生基本上都循规蹈矩。但是,进入新世纪以来,中小学生的教育却是困境重重,学生离家出走的情况也时有发生,并呈上升趋势。虽然这些离家出走的学生是极少数,可是带来的影响却很大,我们应及早重视对他们的教育。

不良的家庭环境是学生离家出走的主要原因。当下的家庭教育出现了很多误区。每一个家长都希望子女成龙成凤的愿望可以理解,但孩子的成长道路并不是一帆风顺的,许多家长看不到这一点,往往对孩子要求太多,挑剔太多。看到别人的孩子比自己的孩子好就着急，就爱说：你看谁谁怎么样，你就那么笨，就那么不争气等。孩子特别反感父母的这种训斥。有的家长还特别爱唠叨：要好好学习呀、要争气呀、学习不好将来没有出路啦，等等，孩子的耳朵都听出老茧了，结果除了逆反还能有什么呢？还有的家长缺乏冷静，孩子一有错，就气不打一处来，对孩子非打即骂。家庭教育中还存在着一种普遍现象：孩子成绩好，家长往往对他们百依百顺；孩子成绩差就会受到批评训斥。这种态度对孩子的心理健康发展十分不利。

有人将不良的家庭教育归纳为四种类型。

(1) 宠爱型：长辈对孩子过分宠爱，百依百顺。孩子从小做事就无所顾忌，不计后果，不考虑他人的利益和感受，家长对孩子的要求事事满足，觉得满足孩子的物质要求就是对孩子的疼爱。可是，孩子一天天长大，同时也会提出更多不合理的要求，当这些需求家长无法满足时，亲子之间就会产生矛盾，并爆发冲突。

(2) 棍棒型：家长由于长期在外打工或工作繁忙，平时没有时间和精力来管教孩子，缺少沟通，当发现孩子有问题时，就粗暴地以打骂来处理。孩子小的时候也许会屈服，但是往往不能解决问题，孩子把仇恨的情绪压抑在心底，等年龄变大，觉得可以和父母抗衡之后就会表现出来。

(3) 推诿型：父母关系不好或离婚，往往把孩子当出气筒，都不管孩子。有些家长整天打麻将或在外面鬼混，对孩子的教育完全放弃，孩子处于无人管的状态，容易受社会不良因素的影响，成为社会不良青年腐蚀拉拢的对象。

(4) 骄纵型：一些家长观念不正确，纵容子女的不良行为，"人家打你一下，你要还十下。""人善被人欺，马善被人骑。""人家偷我的，我就拿别人的。"这些观念从小就影响孩子，久而久之，孩子就会在自己的行为中反映出来。当教师与家长沟通时，家长不但不配合，还袒护子女，或与教师辩论，孩子就会越走越远。当孩子长大，家长最终发现他教孩子的这些理论全部回报到自己身上来。

离家出走是一种极端行为，离家出走的孩子往往已经出现严重的心理问题，而引发他们离家出走的因素只是导火索。有调查表明，有两类学生最容易出现心理问题：一是学习尖子；二是学习成绩差的学生。学习尖子一俊遮百丑，他们处处受宠，处处引人注意，即使有什么缺点，也会被学习成绩好的光环遮掩过去。他们一些不好的习惯、性格，甚至一些小小的错误，家长、老师都能容忍，很少进行批评教育。由于经受的挫折少，总是生活在表扬声中，这些孩子心理脆弱，经不起失败和批评，一旦身处逆境，就会产生出比普通孩子更大的心理困扰，更容易出现心理危机，并采用极端的方式来处理生活中的挫折。

相反，那些成绩差的学生在家庭中经常受到冷落，他们得到最多的是批评和训斥。实际上，成绩差的学生最值得同情。难道他们不希望取得好成绩？难道他们愿意做差生？由于个人的因素成为家长、教师眼中的差生，已经是一件痛苦的事情，他们好像陷入泥潭中的人，正需要别人的帮助。成绩差的学生心理压力大，自卑感强，缺乏自信，如果家长、老师教育方法不当，他们就会自暴自弃，做出撒谎、逃课、结帮、打架的事来，有时甚至会有一些偏激行为。

将孩子离家出走的原因概括一下，大致有以下几条：

（1）父母责骂。责骂和批评，是大多数父母教育孩子的直接方法，也是一种相对比较简单的教育方式，采取这种教育方式，容易使一些心理承受能力比较弱的孩子受到伤害，不容易接受父母的责骂和批评而采取离家出走这种冲动的行为方式。

（2）父母吵架。父母吵架是造成家庭关系不和谐的主要原因，是影响孩子健康成长的主要障碍。吵架的结果不仅使父母双方的感情受到伤害，也容易造成双方之间情绪的变化，这种变化会伤及无辜的孩子，在他们幼小的心灵中投下阴影，离家出走是他们解决这种问题的主要方式。

（3）逃避惩罚。有的学生在学校犯错误，教师在处理过程中威胁要告诉家长，学生害怕学校处分，又不敢面对家长，便会产生离家出走的念头。

（4）家庭环境压抑。有些家庭长期存在矛盾，孩子生活在其中感到压抑，甚至对家庭环境产生厌恶情绪，于是产生逃离的想法。

(5) 威胁家长。有的孩子由于不合理的要求没有得到满足，或者对家长的态度不满意，而采取离家出走的方法逼家长妥协。

(6) 厌学情绪。学生感到学习负担过重，或者通过努力仍然体验不到成功的快乐，厌学情绪就会产生，教师如果不及时疏导，有些学生会以逃学或出走的形式表现出来。

(7) 孤立无援。有些孩子性格孤僻，不与父母、老师沟通，在学校里没有好朋友，当他们在学习或生活上受到挫折时，没有人理解他们、开导他们，没有倾诉对象，有的只是无尽的批评与指责，于是孩子可能选择铤而走险。

(8) 不良信息。一部分学生对读书不感兴趣，迷恋网吧、网络游戏、抽烟、喝酒、看录像，或者与不良社会青年交往。一边是父母的指责，一边是不良同伴的诱惑，孩子最终倒向哪一边，就只能听天由命了。

(9) 意气用事。中小学生思想不够成熟，而且很讲义气，"为朋友两肋插刀"，宁肯不服从父母和老师，也不愿违背伙伴的意愿。有的学生本人并不想离家出走，可是好朋友犯错误要出走，为了表示够义气，也就陪着走一回。

(10) 盲目模仿。当媒体披露因片面追求升学率造成一些学生压力太大而离家出走的消息后，有的学生就加以仿效，以为这是解脱的好方法。

(11) 情侣私奔。当早恋被曝光之后，家长和教师无休止地做工作，学生产生厌烦情绪。不愿分手的结果就是私奔。

离家出走也与孩子的责任心缺失有关。许多孩子从出生之时开始，享受的就是别人的关心和体贴，可是很少有人提醒他们：关心和体贴应该是相互的。他们觉得一切所当然，一切都是天生如此。由于缺少这方面的教育，久而久之，小"皇帝"们就养成这样一种意识：父母也好，老师也好，享受他们的关心体贴是应该的。如果这种关心和体贴略微欠缺一点，他们就感到受不了。至于他们的行为会给别人造成什么伤害，他们并不管，甚至根本没有考虑过这些问题。

3. 专家建议

据不完全统计，曾经有过离家出走经历的学生约占 1/4 左右，其中相当一部分只是一时冲动，学生并不是真的想出走。应该说，在我们绝大多数人的身边，学生离家出走并不是普遍发生的现象，而且，绝大多数离家出走的学生最后都回到家里，但是也存在少部分学生离家出走之后几个月之内都不见踪影的案例。这样的事情一旦发生，会给家庭和学校带来巨大的痛苦和困扰。家长甚至因此而与学校对簿公堂，这是谁都不愿意见到的结果。

解决学生离家出走，关键是预防，而不是孩子已经出走了再去寻找。为此，家庭和学校必须未雨绸缪，防微杜渐，尽量避免把孩子逼到离家出走的境地。

（1）关心孩子、了解孩子。了解孩子是一门科学，也是一门艺术，教师和家长都要学会了解孩子。应该了解孩子心理、生理发展的规律；了解孩子发展的年龄特征、生理特点、个性需要；了解孩子的成长过程、生活环境，日常态度和行为方式，交际范围，内心的矛盾、烦恼和思想动态；了解孩子心理、生理发展的趋势和可能。只有切实全面地了解孩子，才能把握他们心理发展的脉搏，自觉防范孩子不良行为的发生。关心孩子，不仅是一般意义上在生活、学习上的问寒问暖，教师和家长一定要在全面、充分了解孩子的基础上，深入到孩子的内心深处去关心他、爱护他。

（2）做孩子的知心朋友。不少家长和教师在潜意识里认为，和子女交朋友"没老没少"，不成体统。少年思维活跃，有许多话想向人倾诉，如果家长、教师放下架子，和子女、学生平等相处，彼此推心置腹地进行交谈，子女、学生就会将你们视为知己，无话不谈。因此，家长和教师要善于做孩子的良师益友，善于帮助孩子分析所面临的困难和问题，建议孩子选择科学解决困难和问题的途径、方法，及时而有效地排遣孩子内心的矛盾和焦虑。当孩子的烦恼在交谈中得到缓解、消除时，他们就不可能离家出走。

（3）教育方法要科学、民主。对于孩子的错误，做教师和家长的，一定要坚持说服教育，正面引导，因材施教，不可简单、急躁，不可笃信"棍棒之下出孝子"。要提倡民主作风，注意尊重孩子的人格和自尊心，循循善诱，春风化雨。切忌居高临下，以盛气凌人的口吻去教训、指责孩子。要积极营造一种平等、和谐、轻松、自然的教育氛围，让孩子去感受、去体验，增强自我意识，产生自我教育需要，形成自我教育力量，最终达到教育者所期望的目的。现在，有很多家长认为自己望子成龙、望女成凤的想法并没有错，但就不懂孩子为何不理解他们的苦心。正是家长头脑中对孩子教育上存在的这种误区，导致了他们对孩子的"畸形"教育：提供尽可能的物质条件，追求高的学习成绩。他们不知道孩子心中的真实想法，不知道孩子到底需要什么样的父爱母爱。过高的要求会使孩子丧失信心，物质的满足不能填补孩子心灵的空虚。因此，教师要关心学生，家长要关爱孩子，让他们在爱的温暖的怀抱中健康成长。

（4）帮助孩子寻找有益的同龄朋友。虽说家长、教师可以做孩子的朋友，但有时并不被孩子认可。相反，他们更愿意将自己的烦恼告诉给同龄朋友。所以，家长、教师应该鼓励孩子交同龄朋友。有的家长生怕孩子受坏朋友的影响，不允许孩子交朋友，敌视孩子的伙伴，不断告诫孩子人世间有多么险恶、多么丑陋。这种做法无疑会在孩子的心中形成阴影，封锁孩子与同伴交流的渠道。这种"因噎废食"的做法是不可取的。

（5）多给孩子倾诉的机会。当孩子遇到挫折的时候，家长、教师应主动与孩子交谈，安抚他们的低落情绪。如果动辄打骂、讽刺挖苦，孩子就不敢对家长、老师说心里话了。这样做只能使孩子自卑心加重，自信心不足，内心的忧伤无处诉说，对生活产生悲观情绪，最终走向逃避。无论孩子倾诉的内容多么令家长不安，家长也不要用粗暴的方式打断，甚至直接批评孩子。这样做的后果就是让孩子觉得跟家长讲实话反而招致批评，于是从此对家长紧闭心门。

（6）注重孩子的实践体验，提高其适应社会的能力。对中小学生，特别是小学生的教育，一定要把着眼点放在对他们优良心理品质和良好行为习惯的培养上，教师和家长要从孩子身边的点滴小事入手，教会孩子怎样做人，怎样适应社会，怎样与人进行交往，怎样分析和面对各种社会现象。教师要引导孩子形成良好的观察、注意、记忆、思维、情感等方面的品质，锻炼孩子对挫折的耐受力和面对困难坚强不屈的毅力，培养孩子对目标追求矢志不渝的精神和勇气。学校要上好心理健康教育课程，创造条件让学生在无人监督的社会环境中去体验，去感受各种复杂多变的人际关系，去分析、判断是非，去学会把握自己的思想言行。

(7) 注意观察孩子的心理。一般情况下，孩子在离家出走之前总会暴露一些"蛛丝马迹"。比如，有的孩子突然变得魂不守舍，经常走神儿，两眼发直，好像在想什么事儿；有的孩子则吞吞吐吐，做事情犹豫迟疑；也有的孩子一反常态，变得格外殷勤，大笑大叫……上述情况，都可能是孩子准备离家出走的先兆，如果家长、教师马虎大意，不能及时发现，就可能被孩子的突然出走搞得措手不及。

当发现中小学生有离家出走的苗头时，父母和教师要与他们保持积极的接触和交流，理解孩子的心情，帮助他们解除烦恼和心理压力，同时告诉孩子出走后可能遇到的困境，和他们讨论解决目前的问题有无更好的办法，使其打消离家出走的念头。一旦发现孩子离家出走，父母应及时与学校取得联系，向知情同学寻找线索，调查出走所带的物品、现金，与外地的亲朋好友取得联系。孩子出走返回后，既不可打骂恐吓又不可不闻不问，应及时进行心理咨询和疏导。打骂恐吓可能使孩子再次出走。同样，如果家长因怕孩子再次出走而不敢说不敢问，甚至百依百顺，孩子以后则可能以出走要挟家长，变得任性、骄横。要帮助孩子尽快回到正常的学习生活中，以预防孩子再次离家出走。

学校、家庭和社会应积极配合，尤其对于那些父母打工在外的或离异家庭的孩子。同时，学校应加强自身的教育能力，重视心理健康教育课程的开设，提高学生的自信心，培养学生高雅的生活情趣，开展丰富多彩的活动，让他们以良好的心态度过学生时代。

各级各类学校要加强学生的德育和法制教育，重点做好性格孤僻和单亲学生的工作。同时，也要切实减轻学生的课业负担和心理负担，抓好心理健康教育，做好心理咨询，防止逃学、夜不归宿（泡网吧、游戏厅）或离家出走等现象的发生。班主任要多关心、多了解学生，多做正面教育，多与这些学生的家长和监护人联系，做到经常家访，协助他们管理好孩子。班主任要及时、扎实地做好转化后进生工作。要办好家长学校，让家长了解现在的学校教育和如何教育好自己的孩子等问题，使学校、家庭共同担负起教育责任。这些措施只要落实到位，一定能收到良好的教育效果。

四、早恋

1. 典型案例

我出生在一个普通家庭，爸爸是出租车司机，妈妈是一名普通职工。在我的记忆中，爸爸妈妈经常吵架，很多时候，我都是在爸爸妈妈的吵架声中完成作业的。爸爸脾气特别不好，喝完酒之后总是冲妈妈大吵大叫。在这样的家庭环境下，我过早地恋爱了，而且特别依赖我的男朋友。

高中的时候，我开始住校。暂时离开爸妈的争吵，我觉得身边清静多了，试图努力学习，希望高考的时候能考个好学校。我制订了学习计划，希望能把初中落下的课程补回来。可是，初中课程落下得太多，高中新知识也很多，学习成绩一直上不去。

高二上学期，班里有个男同学经常主动帮我补功课、做作业，我对他也有好感。后来，我们恋爱了。我因此上课经常走神，成绩又下滑很多。国庆节放假的时候，我不想回家，就住到男朋友家里，并告诉爸妈说学校不放假。但后来还是被发现了，爸妈把我带回家，还告诉了班主任。

为了拆散我们，爸妈给我办了走读手续，中午妈妈从单位赶回家给我做饭，晚上去学校接我放学。刚开始的几天，我情绪非常不稳定，在家里和爸妈大吵大闹。可爸妈的态度非常坚决，无奈之下，我只得妥协，吃完饭就钻进自己房间。他们以为我想明白了，便放松了警惕。实际上，我是在房间里给男朋友打电话。然而，好景不长，几天后的一个晚上，妈妈起床上厕所的时候,听到我房间里有说话的声音,推门而入,把我臭骂了一顿,还说要没收我的手机。

"你要是把我的手机没收了,我以后就不去上学!"我知道我不上学是家人最担心的。妈妈最终没有没收我的手机。这以后,我虽说不打电话了,但夜里依然看不进书,就躲在房间里给男朋友发短信。只有在和男朋友联系时,我才会觉得心里特别踏实。

然而,在逃避家庭、从男朋友那里寻求情感寄托的同时,我也同样付出了代价。无心学习、把很多时间用于和男朋友在一起,我的学习成绩不但没能提高,反而又倒退很多。

(摘自新浪论坛)

2. 问题表现及原因分析

"早恋"似乎是针对中国学生特有的一个名词。然而,对于什么是早恋,人们的看法并不一致。通常的观点是,小学生之间不存在早恋问题,因为他们根本就不懂"恋";高中生"恋"则"恋"了,但是不是太"早",还存在争议。在大部分教师和家长的眼睛里,只要是大学之前发生的恋情,包括高中和初中,都属于早恋。但是,在早恋的问题上,各方的分歧依然很大。"我们不应该诋毁感情本身。"心理专家这样说。在家长看来,中学生的爱情就像"毒药";在中学生看来:"早恋来得快去得也快,只要好好沟通,影响就不大"。

有学者概括说,中学生早恋有如下特点:一是朦胧性,对两性间的爱慕似懂非懂,往往以为简单的物质帮助就是爱;二是单纯性,只觉得和对方在一起愉快,对方有吸引力,缺乏成年人谈恋爱等多方面理智的考虑。其中,女生早恋的较多,这可能与女生发育较早有关。但是,早恋成功者实在少见,两个人随着各方面的不断成熟,由于理想、志趣、性格等各方面的变化,可以引起爱情的变化;往往因为换座位、调班、放假就结束了。但是,最让家长担心的是孩子心血来潮发生性关系,如果导致怀孕,事情就很麻烦。

一般来说，学生有早恋的意识和行为后，往往有如下表现：

（1）突然比平常注重发型、衣着打扮，并使用化妆品。

（2）上课时注意力不集中，易走神，严重的甚至精神恍惚。

（3）学习成绩突然下降。

（4）上学和放学的时间不正常，离家上学的时间过早，放学后回家的时间过迟。

（5）电话频繁，但不愿父母或其他人接听。

（6）个性短时间内突然变化，如活泼好动、喜欢与别人交往的学生，一下子变得沉默寡言等。

（7）使用零花钱突然比平时多。

（8）借故迟到、早退或请假，甚至常常旷课。

学生早恋原因较多，而且非常复杂。其中，家庭因素占很重要的成分，还有社会不良环境的侵袭、学校教育压力的释放、同伴间相互影响等因素也会起到推波助澜的作用。

（1）孩子缺乏父母的关爱。"早恋大多是因为父母给的爱太少了。"一位高中学生这样说，假如孩子平时和父母缺少沟通，进入青春期后，在对异性产生好感的情况下，一旦身边出现一个关爱自己的同学，就难免动心。

（2）家长的放纵支持。有些家长对子女早恋，非但不制止，反而默许甚至纵容。比如，一些男孩的家长认为自己的儿子有魅力、有吸引力，读书领个媳妇上门，这是一件荣耀的事情。这种情况在农村比较容易发生。

（3）残缺家庭的影响。夫妻感情不好，长期争吵，子女生活在夹缝中，会感到非常压抑，容易导致心理畸变，渴望脱离家庭，寻找情感寄托。本节案例中的女孩就是如此。上述现象在单亲家庭中也常有发生，生活在单亲家庭中的青少年会对失去的父爱或母爱产生一种期盼。由此，会产生一种恋父或恋母情结，会对能够给自己这种感觉的异性产生某种程度的依赖，并把这种依赖当作"爱情"。

（4）不良出版物的传播。青少年学生猎奇和寻求刺激的心理，使得他们很容易受黄色书刊、黄色录像、电视、电子游戏等渲染爱情或色情内容的影响，并引发心理不平衡和感情冲动，陷入"早恋"的误区。

（5）网恋。某校一个初三学生，父母为了鼓励他更积极地准备中考，满足了他买电脑并联网的愿望。起初，他还能在网上查一些学习方面的资料，后来无意中打开了一个聊天室的网站，并自己申请注册成了会员。进入网站后，他认识了一个女网友，越聊越觉得离不开对方，慢慢地由网聊转为电话、书信交流，最后终于惊动了双方的家长，虽然进行多方面阻止，但都无济于事。家里上网不行，于是，他们转入网吧或见面聊天，并确立了"情侣"关系，如胶似漆、形影不离。

（6）社会青年的诱惑。受港台一些电视剧的影响，一些无知少女会觉得部分社会无业青年很酷、很潇洒。尤其是那些贪玩、贪吃，爱慕虚荣，追求物质享受的女生，很容易受到诱惑而被玩弄。

（7）错误风气的引导。部分中学生受社会上一些不良风气的影响，以"早恋"为荣，觉得有一个男朋友或女朋友是件很风光的事情，甚至随便发生两性关系。

（8）沉重的学习压力。现在在许多学校，"应试教育"依然搞得扎扎实实。一些后进学生很容易产生反感情绪，从而导致厌学。放弃学习的学生心灵空虚，很容易发生早恋行为。

（9）教师、家长粗暴的处理。一些男女学生本来只是有朦胧的好感，其交往也属正常，但被敏感的家长或者教师认定为"早恋"，而视为洪水猛兽，勒令不许接触。这种不当处理方式极易招致学生的逆反情绪。本来正常交往的男女学生反而会在压力下走到一起，相互温暖，相互支持，弄假成真，甚至出现为"殉情"而轻生、为"私奔"而出走的行为。

（10）缺乏正确的青春期教育。如果学校教育得当，很多早恋的问题就可以避免。至少女生可以变得更加矜持，自我保护的意识会更加强一些。

（11）从众心理。在一些学校的一些班级当中，成双人对的现象比较普遍。这使得那些同班、同宿舍的单身汉大受刺激。于是，他们也赶紧去找另一半。可能他们彼此之间并没有真正的感情，但是总觉得孤家寡人要被人嘲笑。

（12）同学起哄。男女同学交往密切了点，便被好事者当作大"新闻"加以渲染和传播。被起哄的男女生本来就对各自有些许好感，经过同学胡乱的煽风点火，这种好感愈烧愈烈，一发不可收拾。既然别人也认为他们匹配，那么在一起就是天经地义的事了。

（13）纯真的感情。男女学生由于共同学习、工作的关系，互相爱慕，产生较纯真的感情，但未能理智地克制，从而产生极大的感情烦恼。

在各级中学，学生的早恋都已占相当大的比例。早恋的学生一部分是学习成绩优秀的班干部，因工作需要有更多的机会接触异性，有威信、有号召力，容易引起异性的注意和追求；另一部分是学习成绩较差或者家庭不健全的学生，心理压力大，容易移情于两性交往。有些孩子发生早恋的目的非常单纯，因为对方体育好、唱歌好，或是经常给自己好吃的零食，保护自己。

对于早恋，也有专家提出不同意见。有人建议用"早练"一词来代替"早恋"。他们认为，青少年在成长过程中困惑最大也必须面对的就是人际交往问题。如果将中学六年理解为学生在进入成年之前的一个"早期练习"阶段，练习如何与异性建立、保持、发展社会关系的能力，那么，当他们进入成年后，就可以与包括各种关系的异性在内的各类人群更融洽地相处和交往。

中国人民大学教授、著名社会学家周孝正则积极鼓励大学生谈恋爱。周孝正在一次面对记者的采访中幽默地称大学生在校谈恋爱是好事。"从社会学角度讲，大学生谈恋爱是异性之间一种对未知领域的探索。交往过程中女生可了解男性理性的美，男生也可欣赏女性非理性的美，这样整个社会的相处才更融洽。"这也从另一个角度印证了"早恋"的观点。

开明的教育者普遍认为，早恋并不是洪水猛兽，你越是压抑学生的欲望，这种欲望就越膨胀，偷偷摸摸的爱情，反而让学生觉得更具诱惑力，所以，要允许他们有适当的接触。

然而，学生的表现永远让我们心惊。特别是"90后"的学生登上历史舞台之后，他们在表达感情方面大大超过学长。在一些公众场合，我们都可以看到"校服情侣"。他们在人群中牵手、拥抱、大胆亲吻，毫不避讳。

这令年长的一辈感到吃惊、脸红又无可奈何。此外，也有数据表明，"90后"学生发生性行为的比例日益增高，也更加低龄化。

3. 专家建议

莎士比亚的名剧《罗密欧与朱丽叶》描写了罗密欧与朱丽叶的爱情悲剧，他们相爱很深，但由于两家是世仇，感情得不到家里其他成员的认可，双方的家长百般阻挠。然而，他们的感情并没有因为家长的干涉而有丝毫的减弱，反而相爱更深，最终双双殉情。

在现实生活中，我们也常常见到这种现象，父母的干涉非但不能减弱恋人之间的爱情，反而使其感情得到加强。父母的干涉越多，反对越强烈，恋人们相爱就越深，这种现象被心理学家称为"罗密欧与朱丽叶效应"。

为什么会出现这种现象呢？这是因为人们都有一种自主的需要，都希望自己能够独立自主，而不愿意自己是被人控制的傀儡，一旦别人越俎代庖，代替自己做出选择，并将这种选择强加于自己，就会感到自己的主权受到了威胁，从而产生一种心理抗拒，排斥自己被迫选择的事物，同时更加喜欢自己被迫失去的事物，正是这种心理机制导致罗密欧与朱丽叶的爱情故事一代代地不断上演。

心理学家的研究还发现，越是难以得到的东西，在人们心目中的地位越高，价值越大，对人们越有吸引力，轻易得到的东西或者已经得到的东西，其价值往往会被人所忽视。我国民间流行这样一种说法："妻不如妾，妾不如偷，偷不如偷不着。"说的也正是这个道理。

某中学初一年级的两个学生由于相互吸引而走到一起，一开始，老师和家长都竭尽全力干涉，然而，这种干涉反而为两个孩子增加了共同语言，他们更加接近，俨然一对棒打不散的鸳鸯。后来，校长改变了策略，他将学生和老师都叫去，没有批评学生，反而说老师误会了他们，把纯洁的感情玷污了。过后，这两个学生还是照样来往，没过多久，他们就因为缺乏共同点而渐渐疏远，最终由于发现对方与自己理想中的白马王子和公主相差太远而分道扬镳。

抵抗早恋最有效果的武器就是家庭和亲情。孩子进入青春期以后，家长们一定要抽出时间和孩子沟通聊天，最好是同性家长与孩子多谈心，了解他们内心的真实想法。女生一旦早恋，父母一定要教她学会一些必要的性知识，避免身体的伤害。同时，家长应非常留意不要给她创造独处的机会。例如，不要让孩子单独租房住，孩子周末回家以后也不要让她单独一个人在家。当女孩子不小心怀孕了，父母一定不能放弃，要把孩子看成是一只迷途的羔羊，此时她更需要家长的关爱。

早恋的工作要预防在前，专家认为，以下五类学生最易早恋，家长和教师要重点关注：第一类是那些需要爱和关心的孩子，主要包括离异的单亲家庭子女、父母粗暴管教下的孩子和与父母缺乏沟通的孩子。这几类孩子很容易产生孤独感。第二类孩子是学习成绩不佳但在其他方面有优势的。学习上不行，他们就在其他方面寻找自己的价值。比如，长得帅的男生、长得漂亮的女生以及特长生，甚至一些家里有钱的学生。第三类是两个都优秀的学生或者两个性格互补、意气相投的学生，他们之间容易早恋是因为相互欣赏，相互需要对方。第四类学生是被动性恋爱，他们对外界的抵抗能力较差，当被别人猛追后，常常不由自主地坠入情网。第五类是喜欢攀比的学生，交朋友纯粹是为了体现自己的"能力"。

在早恋行为发生之后，教师在教育学生时应把握以下原则：第一，为学生保守秘密；第二，为孩子提供可靠的情感支持；第三，开展有意义的相关活动，引导学生理智认识处理情感问题；第四，不要过度营造早恋可怕的神秘、紧张的氛围；第五，不要到处传播学生的私人信息；第六，不要伤害诋毁学生的个人情感。

总而言之，如果我们能够和孩子保持良好的沟通，并充分尊重孩子的情感和选择，坚持宽容和关爱的态度，孩子的早恋问题就能够得到很好的解决。

一位睿智的家长在发现女儿有早恋倾向时是这样处理的：

我找了个周末带女儿出去郊游，在路过一个苗圃时，我停下来，和女儿商量买棵小树苗（很小很小的那种）回去种在门前的大院里，我们选啊选啊,眼睛都挑花了,还是拿不定主意,我问女儿:"你说,这些树苗里,将来哪棵能长成参天大树?"女儿为难地说,"妈,现在怎么知道啊,只有将来长成了才知道,或者,等它们再长大一些,我们再来挑?"

嘿嘿,我乐了,看着女儿重复了几遍:"嗯,等它们长大一些我们再来挑吧!"

女儿一下子明白了我的意思,脸变得绯红。

几周之后,她悄悄地告诉我,问题已经解决,她会安心学习,等长大之后再考虑这个问题。

五、考试焦虑

1. 典型案例

"老师,我现在一拿到试卷(或练习卷)脑子里就一片空白,这是一种什么病?有救吗?"

……

"还有一件事,当毕业考试结束后,我去查看化学成绩时(因为我的化学最差,所以很关心),看到的分数是95分,而化学老师在班里公布的成绩是87分。其实是我误看了成绩,可我当时心里很难受,真想在班级里大哭一场,但我还是忍下来了,我开始怀疑我的眼睛、我的脑子,心里不断地自责,认为自己怎么这么笨,连分数都看错。"

"从初三总复习开始,接连发生的这些事,一直困扰着我,使我的情绪非常紧张,学习压力大,自信心丧失。每次拿到练习卷时,脑子里就一片空白,以前会做的题目也不会做了,数理化的公式忘得一干二净,怎么也想不起来了。我很害怕读书、做练习、做复习试卷,学习效果很差。我的母亲也很着急,以这样的状态怎能考进重点高中呢?我自己心里也很痛苦,如果考不出好分数,就无颜见家乡父老,越想越着急,有时觉得活着真没意思,心里很沮丧。"

2. 问题表现及原因分析

这是一名考试焦虑的学生。学生考试前产生焦虑是常见现象，甚至可以说，每一个学生都存在考试焦虑，只是程度不同而已。在学生之中，存在的考试焦虑主要有两种趋向：一种是临到考试之前开始感到紧张和焦虑；一种是在学习过程中长期存在学习焦虑，一到考试之前则表现得更为强烈。两者都是由考试这一紧张情景直接触发的，但前者的学习成绩有好也有差，后者则基本上是因为成绩一贯不是很好，对自己缺乏信心所导致。焦虑本身是人或动物对紧张情景的一种自然反应。不管是哪种焦虑，心理研究的结果都早已证明，适度的焦虑对于参加考试的人而言，是最能发挥其水平的。一点不焦虑的学生反而很容易大意失荆州，而过度焦虑的学生则会对自己形成一种抑制作用。

心理学研究表明，焦虑对学习的影响是一个复杂的问题。一般认为，焦虑程度与学习效率之间的关系是倒U曲线，即焦虑程度过强和过弱都会使学习效率下降，可望取得最佳学习效率的焦虑程度应是中等的。

考前焦虑其实是心理焦虑的一种，是对考试结果的不良预期而体验到的一种焦虑症状。考前焦虑常会引起躯体形式或自主神经功能紊乱及个体思维、行为的异常。考生过度紧张，不仅不能发挥正常的认知功能，而且会使注意力和观察力衰退，影响复习和考试，其表现因人而异，包括失眠、嗜睡、头晕、头痛、胸闷、心悸、注意力不集中、记忆力减退、食欲差、胃部不适、便秘、腹泻、尿频、全身无力、情绪低落等。有的连续几天、几星期厌食、贪食；有的患了过去大家并不是很了解的肠易激综合征等；有的表现为兴趣低下，做什么都提不起精神，想到考试就紧张、易激怒；有的会突然间脑子空白，以前做过的题目感到十分陌生，以为自己没有复习好等；也有的用另外的特长去替代、回避考试，这也是考前焦虑的一种表现形式。

考前焦虑症这些常伴随考试而引发的生理、心理上的紧张症状，多数会在考试过后，压力疏解的情况下不治而愈。不过，出现身体严重不适的考生，就有必要寻求专业人员的帮助，否则恐怕会影响考生考试的临场表现，甚至演变成长期的忧郁焦虑倾向。

焦虑对学习活动产生的危害作用主要有三种：一是产生注意力分散，影响对有关信息的掌握；二是影响学习策略的有效运用；三是妨碍考试策略的运用，对已掌握的内容也不能回答。

考试焦虑情绪产生的原因有主观和客观两方面的因素。考试焦虑的主观原因有：

（1）学习上自卑感严重，缺乏自信心。一些学习较差的学生，常因考试成绩不理想，丧失考试的信心和勇气，过低估计自己，情绪极不稳定。一些学习成绩较好的学生，总想考前几名，因而一听到考试精神就高度紧张，造成考试焦虑心理。

（2）不良情绪的干扰。心理学研究表明，人的情绪在一定时期内会出现周期性变化，处于情绪低落状态、意志薄弱、感情脆弱、自制力不足以抵抗自身情绪干扰的同学，此时若遇考试，就易造成考试焦虑的心理障碍。

考试焦虑情绪产生的客观原因有：

（1）家庭原因：父母期望过高、望子成龙、求成心切，管教过严，每次考试后家长很重视分数、名次，名次若落后，就唠叨个没完，容不得偶然一次的失败。另外，家长对孩子过度体贴照顾，做各种好吃的饭菜，买各种营养品，使孩子觉得考不好对不起家长。学生说："家长的过分关心会增加我们的心理压力。"

（2）社会及学校的原因：某些上级领导看一个学校好坏以高考升学率的高低为标准，社会舆论也给学校领导造成很大的压力，激烈的社会竞争，使学校领导不得不为学校声誉及上级主管部门对升学率的追求，强调升学考试的重要性，在每天上完七节课后搞统练、考试，使学生陷入频繁的统练、考试的苦恼之中。每次考试的名次排队，使一些学生心理压力增加，一次失败的体验往往又给下一次带来新的焦虑，久而久之便形成心理障碍。

判别考试焦虑的方法有许多，可以通过观察、体验的方式对自身状态进行评估，可以做一些有关考试焦虑的问卷，还可以和周围的人进行交流，通过别人反省自身。求助心理专业人士也是不错的方法，通过一些比较规范、科学的方式如谈话、作品分析、量表等，专业人员对来访者的情绪体验、行为反应、认知缺陷、考试技能和有关人格因素做必要的诊断和鉴定，能够有的放矢地提供一些合理化的辅导与训练方法。

测试——你有没有"考试焦虑症"

1. 在进行测验时，我有信心，并且感到轻松；
2. 在考试时，我感到心烦意乱；
3. 考虑到测验的分数，妨碍了我进行测验；
4. 遇到重要的考试时，我会发呆、愣住；
5. 考试时，我发觉自己尽想着我能否学成毕业；
6. 我越尽力想如何答题，我越是慌乱；
7. 怕考得不好的念头，干扰我不能集中注意力专心答题；
8. 当参加重要的测验时，我感到异常心神不安、神经过敏；
9. 尽管对测验有充分准备，但我还是感到神经非常紧张；
10. 在发卷之前，我开始感到极为不安；
11. 在测验中，我感到非常紧张；
12. 我希望考试不要如此厉害地烦扰我；
13. 在重要的测验中，我紧张得连胃也不舒服了；
14. 当进行重要的测验时，我似乎被自己击倒了；
15. 当参加重要的测验时，我感到非常恐慌；
16. 在参加重要的考试之前，我非常担忧；
17. 在测验之中，我发觉自己想着失败的结果；
18. 在重要的测验中，我感到自己的心跳得特别快；
19. 在考试之后，我试图不再担忧它，但是做不到；
20. 在考试中，我的神经是那样紧张，甚至把知道的内容也忘记了。

计分方法：

第1题的四种选择是：

从不＝4分，有时＝3分，经常＝2分，总是＝1分。

第2—20题的四种选择是：

从不＝1分，有时＝2分，经常＝3分，总是＝4分。

依次将每题得分相加，即为总分。忧虑性的分数是将第3、4、5、6、7、14、17、20这八道题的得分相加。情绪性的分数是将第2、8、9、10、15、16、18、19的得分相加。

你可依据下面的数值判断自己的焦虑程度：

男生：总分在30分以下正常，30—35分有轻度焦虑，36—45分焦虑明显，46分以上有较严重的焦虑。

女生：总分在26分以下正常，27—32分有轻度焦虑，33—41分焦虑明显，42分以上有较严重的焦虑。

忧虑性和情绪性判断男女一样。忧虑性分数在10分以下正常，10—16分有明显忧虑性，17分以上相当忧虑。情绪性分数在11分以下正常，12—18分有明显的情绪反应，18分以上相当不稳定。

(国家高级心理咨询师，胡望，《考试焦虑的自我检测》)

3. 专家建议

每个人面临重要任务时，都会有焦虑、恐惧的情绪出现，它源自个体正常、成熟的自我意识，可以提醒自己加强对当前事物的注意，激发身体潜能，提高处理问题的效率。所以，凡是遇到与我们息息相关的事件，我们都难免兴奋和不由自主的紧张，这是再正常不过的事了。

心理学家荷姆斯、雷赫以及我国台湾的苏东平、卓良珍都曾研究过生活中不同事件对人的冲击及影响，小到过一个假期、开一个欢快开心的派对，都会使人们感受压力而出现紧张、焦虑等情绪，更何况如考试这样重要的事呢？

我们一定遇到过那些在重大考验面前"处乱不惊"的人，如果给他们打一个"情绪分"的话，一定是中等水平的分数，因为在这种状态下，个体可以保持适度的警觉，集中注意力，合理地管理时间，它会调动起身体各部分的潜能去实现梦想。这样说来，一个没有任何压力与紧张度的人恐怕也难以挑战自我、战胜困难、创造奇迹。

适度的紧张会让我们感到时间的紧迫，比较兴奋，虽没有平常睡眠那么踏实，但也感到精力充沛；虽然会在最初的考试阶段心绪难平，但通过调整完全可以投入考试。

所以，我们要牢记这样一句话——"我和所有的人一样都会焦虑，我应该拥有这种积极意义的焦虑，唯此我才能帮助自己。"

对于严重考试焦虑的学生，可以协助其按照以下步骤做一些心理辅导：

（1）了解有关焦虑方面的心理学知识。一个自信的人产生高度焦虑心理的情况相对少些。自信来自高超的实力和充分的背景知识，如果能掌握有关焦虑的概念，潜意识中就会有所准备。

（2）分析焦虑的原因。教师面对考试焦虑的学生，不合适的做法是简单地劝说学生不要紧张，那样不会有明显的效果。恰当的做法是要与学生一起冷静分析产生考试焦虑的原因，让学生了解自己的非理性想法是引起考试焦虑的最主要原因，并帮助学生改变自己的非理性想法，消除不必要的担心。

（3）根据焦虑的原因做相应的安排。很多情况下，分析出的焦虑原因有很多种。让学生按照价值的不同，进行排列，并按每一个原因涉及的事件进行处理。要提醒学生，价值最大的就是眼前的考试问题，其他事情都可以以后再办。如此，学生可以把精力集中在某一点，做到没有时间焦虑。

（4）做放松训练。焦虑是一种紧张，相对于紧张的状况是放松。我们可以教会学生用一些简单的方法放松。常见的放松方法有三种：第一种叫呼吸放松。通过调节呼吸，达到使紧张情绪舒缓下来的目的。第二种叫肌肉放松。具体方法如下：分为运动式放松和意识放松。运动式放松法指通过各关节的运动，使集中于交感神经系统的能量分布于各关节，并在运动中得以释放，达到调节焦虑的目的。意识放松法是把意识集中于身体的某一部分，通过暗示、呼吸使这一部分松弛，直至全身松弛。通常把意识集中于脚尖，告诉自己放松，并伴随深呼吸或默默地数数，直至感到脚尖已经放松，然后向上至小腿、大腿、小腹、心脏、手臂、手指，之后是头部的放松。如此下来，头脑会冷静很多，达到调节焦虑的目的。第三种叫作想象放松。想象大海、蓝天、白云、大草原，这样使人的心情从紧张中放松下来。

（5）适度宣泄。当学生焦虑、紧张、坐立不安的时候，我们也可以引导他们进行适度的宣泄。宣泄也有几种，一种具体的措施就是把话说出来，找好朋友、找自己信赖的人，或者找专业的咨询师，把现在的担心、现在的情绪、现在的感受、现在的状况说出来。另外，可以把它喊出来，找一个空旷或者没有人的地方，让其大声地喊叫：我现在紧张，我要克服它；也可以写下来，相对来说，写的方式更加适用于女生或者性格内向的人。总之，把内在压抑的情绪表达出来，这其实就是宣泄情绪的过程。

（6）自我暗示。自我暗示是运用内部语言或书面语言的形式来自我调节的方法。暗示对人的情绪乃至行为有奇妙的影响和调整作用。林则徐曾经将写有"制怒"二字的条幅挂在墙上来控制自己的情绪。这是用语词的暗示来防止或缓和自己不当激情的一种方法。在考试过程中要相信"只要我想做，我就能做到"，并默默地对自己这样说。

（7）注意力转移。考试焦虑时，转移自己的注意力，转换一下频道，做一些自己感兴趣的事，可以使情绪平静，缓解焦虑，如欣赏一下窗外的风景、蓝天、白云。就算是下雨，雨也是美的，只要是和考试没有关系的，都可以。

如果以上方法仍不奏效，在试卷发下来之时又出现考试焦虑症状，还可以采取考场临时心理调节四法。

（1）抑制法：有许多学生在临考前总担心怯场，怕自己会紧张。对此，考生可用抑制法来避免怯场或走神。其原理是，当大脑中一组神经元受到刺激后，会发出兴奋去刺激大脑皮层，产生思维活动。同时，它又会发出另一种兴奋，去抑制其他神经元的活动。运用抑制法的具体方法是，当考生拿到试卷后，只需冷静地思考试卷上的题目，无须多久，这种怯场或走神的心理干扰就自然会被抑制，进而调整机体，步入最佳状态来完成考试。

（2）睡眠法：有些考生由于前一夜的睡眠不足，身体欠佳，或者因为怯场，一接到试卷便发挥失常。此时不妨趴在桌上，休息3～4分钟，以达到镇静的效果。这样做有利于中枢神经的协调，还能消除疲劳、紧张，使情绪稳定，思路敏捷。结果，使机体的竞技状态从低谷走向高峰。

(3) 翱翔法：有一些考生拿到试卷后便忧心忡忡，导致自主神经系统紊乱，使交感神经系统过度紧张，迷走神经过度抑制。这时，考生可让思路像牧羊一样，任其在大草原上畅游。这样，有利于自主神经协调，从而摆脱困境，顺利迎考。

(4) 化简法：即先做最简单的有把握的题目。有很多优秀的考生一拿到试卷，就先把简单的试题消灭掉，再一步一步地解决疑难的问题。因为一旦把简单的试题完成后，就能有效地稳定情绪，活跃思路，迅速提高反应能力。

第六章

特殊问题

特殊学生很多，然而当我们把他们看作是有着特殊需要的学生，我们就会发现，他们跟其他学生没有什么不同。因为，每个学生似乎都有一些特殊的需要。对待这类学生，教师和家长既不能过于关注，"特殊"对待他们，也不能采取放任自流的态度，不管不问，更不能追求分数至上，给他们过多的压力。

本章将探讨单亲家庭、抑郁症和身体缺陷这三种特殊情况下的问题学生。

一、单亲家庭

1. 典型案例

案例1：某地一所中学所有的初二年级老师都收到该校一名女生写的信，信上赫然几个字："我怀孕了。"经过老师们仔细调查，这名女生说的竟是谎言，事后了解到，这个性格偏执的孩子生活在单亲家庭，她这样做的目的只有一个——引起别人的注意和关心。

案例2：某位母亲说："也许是单亲家庭的缘故，女儿比同龄的孩子更懂事，思想也更成熟，她不觉得现在的生活有什么缺憾，她认为如果我给她找个坏爸爸生活会更糟糕。但她给我建议：不要找很有钱的男人，也不要找那种很没钱的男人，而要找真心对你好、对你有帮助的男人。看着女儿这样聪明懂事，我觉得生活的辛苦就算不得什么了。"

2. 问题表现及原因分析

以上两个案例都来自单亲家庭，但孩子的表现却大相径庭。

单亲家庭指的是夫妻离异，或一方因意外事故死亡，或未婚先育的母亲和孩子组成的家庭。单亲家庭在社会家庭结构中是一类广泛存在的家庭个体。在美国，单亲家庭孩子占孩子总数的20.6%；在德国，1200万15岁以下儿童中，有250万生活在单亲家庭中；在英国，1/3的儿童生活在单亲家庭……在我国，单亲家庭产生的主要原因是夫妻离异，也有少量是丧偶或其他原因造成的。随着经济的发展，离婚率迅速上升，我们身边单亲家庭的子女也越来越多。在沿海大城市，随便到一所学校的一个班级调查，都会发现至少有20%的学生来自单亲家庭。

传统观点认为，不论子女由男方抚养还是女方抚养，孩子爱的天空都是残缺的，有的缺少父爱，有的缺少母爱。这还不是问题的关键，问题的关键在于父母的离异或者缺失，给年少的儿女留下了抹不去的心灵阴影，使他们在学生或老师面前，羞于谈及自己的父亲或母亲，有一种无法排遣的自卑感和孤独感，从而给他们的心理发育造成不良影响。另外一个问题是，如果是父母离异，其中一方没有支付抚养费，就会给这个单亲家庭带来负面的影响，其监护人可能不堪重负，将未成年的儿女当成累赘，于是儿女就成了这对离异夫妻的皮球，在父母之间被踢来踢去，使得孩子有了无家可归的体验，父亲不管，母亲也不管。爱的天空开始倾斜，这些未成年的孩子一旦离家出走，就有可能误入歧途。

一般人对单亲家庭可能产生的迷思：

（1）离婚的父母都是有问题的。

（2）单亲的父母解决不了问题。

（3）单亲都是穷困的。

(4) 单亲的家庭很可怜。

(5) 单亲家庭都需要帮忙。

(6) 单亲家庭的孩子都是有问题的。

(7) 单亲家庭的孩子都缺乏教养。

(8) 单亲家庭的孩子不容易相处。

(9) 造成夫妻分居或离婚的原因是女性去工作，只为自己、不顾孩子。

单亲家庭父母可能产生的迷思：

(1) 这都是前世造的孽；前世欠他的；这都是我的命。

(2) 这一切都是我的错。

(3) 这一切都是他／她的错。

(4) 别人帮助我只是在可怜我。

(5) 男人／女人都不是好东西。

(6) 别人会瞧不起我。

(7) 孩子好可怜。

(8) 孩子是我的唯一，没有孩子我活着没意义。

(9) 孩子是我的累赘，没有孩子我可以活得更好。

单亲家庭孩子可能产生的迷思：

(1) 都是我的错；是我不乖。

(2) 爸爸妈妈离婚，好丢脸喔！

(3) 我什么都比别人差，因为我没有爸爸／妈妈。

(4) 没有爸爸／妈妈，再也没有人会爱我了。

(5) 这一切都是他（爸爸或妈妈）害我的。

(6) 男人／女人都不是好东西。

(7) 家里都这样了，做得再好也没有用。

(8) 爸爸／妈妈离开是不要我了。

(9) 别人欺负我，都是因为我没有爸爸／妈妈。

尽管以上迷思十分符合实情，但也存在认识上的误区。在欧美国家，单亲家庭数目庞大，整个社会有很大的宽容度和完善的社会保障系统，所以单亲家庭与双亲家庭没什么两样。

《华盛顿邮报》曾引述美国内布拉斯加林肯大学社会学家阿玛陀的观点，许多人说由于再婚单亲和同居的家庭数目增加，削弱了传统家庭，并且造成种种社会问题，这个观点非常幼稚。因为据研究结果显示，各种家庭结构都可行，它们确实不同，但不同不一定不好。

美国联邦政府从1977年开始做全国儿童的调查，连续追踪2300个7岁的儿童，一直追踪到这些孩子结束叛逆的青春期为止。结果也显示，如果把同样教育和经济背景的单亲家庭子女和双亲家庭做比较，几乎没有差异。

事实上，古往今来，单亲家庭的孩子取得成功名载史册的数不胜数。孙文13岁就跟着妈妈去了檀香山；华盛顿的妈妈不但是她丈夫的第二任妻子，而且在华盛顿11岁的时候做了寡妇；林肯的母亲则在林肯9岁的时候过世。再想想美国前任总统克林顿，还没出生，爸爸就死了；新当选的总统奥巴马在两岁多的时候，父母就离婚了，后来他只有10岁的时候，跟他生父相处过一个月。

如果继续追踪，则会发现单亲家庭造就的名人有长长的一串名单：孟子、岳飞、老舍、俄国作家高尔基、美国总统富兰克林、法国剧作家莫里哀、英国前首相希思、著名电影导演山姆·门德斯、英国歌唱家埃尔顿·约翰、电影演员史泰龙、国际象棋大师加里·卡斯帕罗夫……

这些人都有着所谓特殊的家庭，却非但没有变成坏孩子，还增益其所不能地在各个领域成为伟大的成功者，是因为大家没有用特殊的眼光看他们，还是即使有人这样看，给他们留下阴影，他们也能化悲痛为力量，取得更杰出的成就呢？

甚至还有人认为，单亲家庭的子女比健全家庭的孩子长大之后更有可能取得成就。首先，单亲家庭对孩子的教育少了双亲家庭的干扰和分歧，事实上，教育意见的分歧是导致很多家庭教育子女失败的重要原因。其次，单亲家庭较易激发孩子的合作和自立精神。面对繁杂的家庭事务，仅靠单亲家长一个人是很吃力的。当家里的各项事务不能不处理时，单亲家长就得和子女共同协商家庭管理的方式，彼此针对相互的需要共同合作，而孩子也往往更能体会家长的不易和生活的艰辛,这种现实的需要会促使孩子合作精神和自立能力的产生。第三,单亲家庭更容易结成亲密牢固的亲情关系。总体来讲,单亲家庭的子女对父亲或母亲困难的体谅远远高于双亲家庭子女,而亲子双方也更愿意为对方做出牺牲。

深受青少年学生喜欢的台湾歌手周杰伦也是单亲家庭出身的。为此,他还特别为母亲写了一首歌《听妈妈的话》,这首歌成为台湾小学的教材,更在母亲节被许多人献唱给妈妈。他在接受采访时说:"为我妈,我可以做任何事。"

听妈妈的话

小朋友／你是否有很多问号
为什么／别人在那看漫画／我却在学画画／对着钢琴说话
别人在玩游戏／我却靠在墙壁背我的 ABC
我说我要一个大大的飞机／但却得到一台旧旧录音机
为什么要听妈妈的话／长大后你就会开始懂得这段话
长大后我开始明白
为什么我跑得比别人快／飞得比别人高
将来大家看的都是我画的漫画／大家唱的都是我写的歌
妈妈的辛苦不让你看见／温暖的食谱在她心里面
有空就多多握握她的手／把手牵着一起梦游
听妈妈的话／别让她受伤／想快快长大／才能保护她
美丽的白发／幸福中发芽／天使的魔法／温暖中慈祥
在你的未来／音乐是你的王牌／拿王牌谈个恋爱
唉!我不想把你教坏／还是听妈妈的话吧／晚点再恋爱吧
我知道你未来的路／但妈比我更清楚
你会开始学其他同学在书包上写东写西
但我建议最好写妈妈我会用功读书
用功读书／怎么会从我嘴巴说出
不想你输／所以要叫你用功读书

妈妈织给你的毛衣／你要好好地收着
因为母亲节到时／我要告诉她我还留着
对了，我会遇到周润发
所以你可以跟同学炫耀赌神未来是你爸爸
我找不到童年写的情书／你写完不要送人
因为过两天你会在操场上捡到
你会开始喜欢上流行歌／因为张学友开始准备唱吻别
听妈妈的话／别让她受伤／想快快长大／才能保护她
美丽的白发／幸福中发芽／天使的魔法／温暖中慈祥
听妈妈的话／别让她受伤／想快快长大／才能保护她

3. 专家建议

对于生活在单亲家庭的孩子，我们不必有歧视，但是，也必须重视单亲家庭的问题和缺陷。一方面，我们呼吁做父母的，要注重加强婚姻生活的和谐和稳固，慎重做出结束婚姻关系的抉择；另一方面，我们也呼吁离婚父母要根据家庭变故的现实，解决好子女的教育问题。

纵使抚养孩子的父亲或母亲有一定的爱心和责任心，但因为离婚的打击，其心灵的伤口，需很长一段时间才能愈合，这样孩子就有可能成为出气筒，非打即骂，无疑给幼稚的心灵雪上加霜。还有一部分单亲家庭的监护人，他们忙着再婚，另觅佳偶，或因为工作、家务缠身，而忽视了对儿女的监督与教育，放任自流，任其随意成长。结果，这些孩子在家里得不到温暖，年少的心灵日益孤独与寂寞，放了学就去网吧或娱乐场所，不愿回家。容易被社会上的不良分子利用，甚至走上犯罪的道路。当父亲或母亲终于有时间可以照顾孩子时，他们才发现自己的孩子变得陌生了，染上了诸多不良的恶习。当然，亡羊补牢为时未晚，可让孩子改掉这些恶习，需要花费很多的时间与精力。所以，应在平时加强对子女的关心与教育，而不能任其自我发展。

那么，单亲家庭在家庭教育中要注意哪些问题呢？

(1) 单亲家庭的父母应向孩子耐心解释造成不完整家庭的原因。现在，不少离异的父母为避免产生不愉快的情绪，不愿和孩子解释离婚的事。但是，孩子在和其他人的交往中，常常不得不对付一些有关的询问，孩子由于没有一定的心理准备，往往不知所措。所以，单亲家庭的父母应该根据孩子的性格、年龄等因素，以孩子最能接受的方式，平静、真诚、耐心、自信地向他们解释自己离异的原因，求得他们的理解，并教会孩子应付各种有关的询问，保护好孩子的自信心。

(2) 单亲家庭的家长必须注意科学的教养方式。首先，注意不要过度保护。在丧偶或者离异之后，为父母者常常把自己所有的感情和爱倾注在孩子身上，对孩子关怀备至。孩子则衣来伸手，饭来张口，不必为自己的生活安排和学业计划操心，一切自有爸爸或妈妈代做主张。日子一久，孩子的依赖性就会增加。在这种环境下成长起来的孩子，脆弱、依赖、缺乏主见和独立意识，一旦离开家长，便茫然不知所措。

其次，切忌期望值太高。缺少了配偶，不少家长把孩子作为自己唯一的精神寄托。在厚望之下的孩子，往往有着过度的压力，心理负担沉重。有些心理素质不佳者，受不了这种压力，索性走向了反面，来个不思进取，乃至"破罐子破摔"。这种有意无意的行为就是为了让父母降低希望，使自己能够喘口气。另一些孩子也许能坚持发奋，不让父母失望，但是长期超负荷地运作，其潜在的心理损伤亦不容忽视。一旦某一天超出了承受极限，便有可能走向崩溃，结果反而更糟。

(3) 由于社会的宽容度及个人的修养尚未达到相当的水平，使单亲子女可能需要承受来自生活、学习环境中的歧视、偏见和嘲弄。不少单亲子女因此在性格上变得内向、忧郁、自卑，甚至孤僻。因此，家长不仅自己要多和孩子进行交流沟通，还要注意帮助孩子充实生活。由于家庭结构的不完整，单亲家庭的生活比较单调，孩子容易感到精神上的空虚与寂寞。为此，身为他们的父母，每天再忙，也应抽时间多陪陪孩子。陪孩子聊聊天，一起娱乐一下，或者协助他们解决学习上的一些难题。此外，还可帮助孩子多交一些朋友，让孩子把朋友一起请到家中来玩，以弥补亲情的不足,使他们的身心能够健康成长。

(4)单亲家庭的父母要注意孩子健康人格的教育。在孩子人格的形成过程中,父亲和母亲有着无法互相取代的作用。缺少父爱,孩子就会形成所谓的偏阴人格,即表现得懦弱、多愁善感、自卑、缺乏毅力、果断性不强等;而缺少母爱,孩子又会形成所谓的偏阳人格,即表现得孤僻、冷漠、缺乏爱心与同情心、没有安全感、狭隘等。所以,对于单亲家庭的父母来说,要特别注意弥补孩子由于缺少父爱或母爱所带来的消极影响。比如,对缺少父爱的子女,母亲要加强他们的独立、自主、勇敢、果断等方面的人格教育,让他们多看看有关表现男性优秀品质的影视片与书籍,并有意识地带他们多接触一些成熟的、自信的、有责任心的成年男子,如教师、男同事等,以免形成上面所说的偏阴人格。此外,还有不容忽视的角色教育的问题。在青少年心理成长的过程中,性别角色的学习是一个重要环节。所以,在单亲家庭中,家长应注意调动亲戚、朋友中的性别资源,给孩子以应有的适宜的影响。以保证男孩的阳刚之气和女孩的阴柔之美,以免造成两性角色上心理与行为的偏差。

对于教师来说,要和家长密切保持沟通,并且对单亲家庭的孩子倾注更多的热情与关注:

(1)要信任孩子,不要轻易对孩子的行为下结论。教师和家长对孩子做出的与往常不一样的言行不要主观臆断,而应该进行调查分析,判断是否属于成长过程中的必然现象,更需要耐心倾听孩子的想法和看法,只有这两者结合才能公平客观地评价孩子。

(2)要努力创造温馨宽松的沟通氛围。无论在学校还是在家庭,无论电话联系还是见面,应给孩子更多表现和说话的机会,并使孩子感到父母和教师是可亲近的,这样孩子与师长才能成为知心朋友。

(3)要支持孩子与同龄人交往。单亲家庭的孩子特别需要同龄人做朋友,得到伙伴的认同和友情,有利于他们的健康成长。教师和家长要积极鼓励孩子在交往中学会交往,并与孩子讨论交往中的注意事项与规则。

(4)尊重孩子选择和做决定的权利。单亲家庭的孩子,已经被动地体验了许多生活与情感的波折,对于孩子的学习环境就应尽量维持稳定,尤其是孩子熟悉的伙伴与同窗,是他最好的精神支持;所以,父母不应自作主张给孩子转学,教师不应强制孩子离开自己的"朋友圈",那样会使孩子产生失落感,自尊心受到伤害。与孩子有关的事情,都要慎重讨论,以便亲子之间达成共识,特别要尊重孩子自己选择和做决定的权利。

简而言之,可以将教师和父母对单亲子女的教育归纳为"六要六不":

要自信,不自卑。学会肯定自己,也正确评价父母,接纳单亲家庭的现状。

要坚强,不脆弱。人生不会一帆风顺,父母离异只是一个考验,勇敢面对现实。

要自立,不依赖。父母与子女的关系本来就是分离之爱,经历分离则有助于孩子的独立自主,对于独立人格的培养是大有益处的。

要平和,不埋怨。以平常心看待父母的离异和随之而产生的各种麻烦与问题,抱"面对一切荒诞,付之一笑"的豁达态度,则有利于培养自己良好的心理承受能力。

要乐观,不忧郁。要相信即使是家庭健全的孩子也同样面临各种复杂问题,所以,要学会将生活的阴影留在"背后",永远面对灿烂阳光,设法通过正常渠道排除挫折和困难。

要开阔,不自闭。如果自己有点自我封闭,就孤芳自赏、我行我素、远离人群,这是不可取的自虐行为。所以,应主动关注他人,善于人际交往,关注世界,努力开辟自己顽强生存的开阔领地,这才是明智的选择。

孩子是爱情的结晶,但孩子也往往成为爱的弃儿和牺牲品。有些单亲家庭的孩子显得比同龄人更坚强、更独立,也更早熟。可是,也有的孩子过分少年老成,有的世故、自卑、颓废、抑郁,看破红尘、玩世不恭,有的藏而不露,掩饰自我,伪装言行等,这些都是在他们身上出现的令人担忧的现象。

同时,我们也应该看到,大多数单亲家庭的子女其心态是比较健康的,他们有一个对生活进行思考和领悟的过程,能够对父母理解、宽容和信任,所以，他们会感到自己的心理比别人更健康，这是因为他们将生活的挫折变成了生活的宝贵财富，从而成为生活的强者。

二、抑郁症

1. 典型案例

小陶是高一学生，表面上看起来安静沉稳，其实其内心的痛苦无人能知。

小陶的作文写得很好，他不但文笔出众，看问题也比同龄人成熟。他的父母和同学都不知道，他自己偷偷开了一个博客。让人吃惊的是，其博客里的内容充斥了自杀与死亡的话题。他自称，经过测试，自己的心理年龄有45岁。

小陶写博客是因为突然而来的失眠。上了高中之后几个月，以往倒头就睡的他开始失眠，并且越来越严重，常常每晚只睡三四个小时，而且越是想睡着越睡不着。睡不着的时候，小陶就打开电脑，上网写博客。

小陶尝试过服用安眠药，但安眠药的副作用很大，小陶不得不停止使用。在这一过程中，小陶的情绪逐渐发生变化。原来开朗乐观的性格，变得越来越孤僻、悲观。小陶没有朋友，整天独来独往，情绪越来越差，成绩一落千丈。

对此，小陶也非常着急。上课时，他就会在心里拼命地对自己说："要专心，要专心。"但越是如此，越无法集中注意力。不但如此，小陶的疑心病还很重，班里有人丢了东西，明明不是他拿的，他却感觉每个人都怀疑他，班主任的话暗藏玄机，都是针对他说的。

学校里有一条河，小陶在河边走的时候，常常有一种想跳进去的冲动。有一次，小陶甚至写好了三封遗书——一封给父母，一封给老师，一封给同学，准备放学后离家出走，然后结束生命。后来因为语文老师的一句偶然表扬而放弃。

2. 问题表现及原因分析

无论小陶有没有意识到，他实际上已经患上了抑郁症。抑郁症又称忧郁症，是以情绪低落为主要特征的一类心理疾病，其临床表现为：轻型病人外表如常，内心有痛苦体验；稍重的人可表现为情绪低落、愁眉苦脸、唉声叹气、自卑等，有些患者常常伴有神经官能症症状，如注意力不集中、记忆力减退、反应迟缓、失眠多梦等；重型抑郁症患者会出现悲观厌世、绝望、自责自罪、幻觉妄想、食欲不振、体重锐减、功能减退等症状，并伴有严重的自杀企图，甚至自杀行为。

在20世纪，我们还根本没有意识到抑郁是一种病。然而，越来越多的案例发生，迫使我们不得不正视这一严重社会问题。2005年，央视著名主持人崔永元自曝患上抑郁症，"抑郁"话题极度升温，成为媒体和大众关注的焦点。

抑郁像一个幽灵，困扰着许多人。2005年，北京市卫生局公布的由北京安定医院牵头完成的北京地区抑郁症流行病学调查结果显示，北京市15岁以上人群中抑郁障碍的终生患病率为6.87%，时点患病率为3.31%。这意味着，每30个人当中，就有一个人正经受着抑郁症的困扰，每15个人当中，就有一个人一生中都要面对这种疾患。全国的患病率，专家估计为5%～10%。抑郁症的女性患病率为男性的两倍。据世界卫生组织估计，全世界的抑郁症患者大约为3.4亿，预计到2020年，抑郁症将成为继冠心病之后的第二大疾病负担源。

抑郁症是一种异常沮丧的、长时间持续的症状。具体来说，一旦下述症状持续两周以上，就可被诊断为抑郁症：

无明显原因的食欲不振，体重下降；

对以往的爱好，甚至是嗜好，以及日常活动都失去兴趣，整天无精打采；

疲倦、嗜睡或长期失眠导致的早醒；

总是感到自卑，经常自责，对过去总是悔恨，对未来失去自信，感觉人生没有价值；

总怀疑自己有大病，不断进行各种检查，但仍难释其疑；

经常莫名其妙地感到心慌、不安；

记忆力下降，常丢三落四；

脾气变坏，急躁易怒，注意力难以集中，无法专心致志地做事情；

社交活动减少，不愿与亲友同学来往，甚至闭门索居；

产生自杀的念头。

多数人的一生都会有一两次上述的经历，情绪低落是正常的，随着时间的推移和自我调适，这种情绪很快就消失了。但是，如果这种低落情绪长时间挥之不去，并已妨碍自身的心理功能（如注意力、记忆、思考、抉择等）或社会功能（如上学、上班、家务、社交等），就应引起重视。严重者在抑郁的状态下不能自拔，容易酿成自杀的悲剧。

抑郁症的后果是十分严重的。在抑郁症患者眼中，整个世界就像是蒙上了一层黑纱，灰暗而压抑。引起抑郁的原因很多，既有客观因素，包括生理因素和环境因素，也有主观因素。

(1) 遗传基因：抑郁症跟家族病史有密切的关系。研究显示，父母其中1人得抑郁症，子女得病概率为25%；若双亲都是抑郁症病人，子女患病率提高至50%～75%。其中，有些人在环境的诱因下，会莫名其妙地发病，有时则是季节性的。

(2) 药源：在治疗其他疾病的过程中，有些治疗手段会导致抑郁产生，如治疗高血压、关节炎或帕金森症的药物。

(3) 疾病：罹患慢性疾病如心脏病、中风、糖尿病、癌症的病人，得抑郁症的概率较高。甲状腺功能亢进，即使是轻微的情况，也会患上抑郁症。

(4) 抽烟、酗酒与滥用药物：过去，研究人员认为抑郁症患者借助酒精、尼古丁与药物来舒缓抑郁症情绪。新的研究结果显示，使用这些东西实际上会引发抑郁症及焦虑症。

(5) 饮食：缺乏叶酸与维生素 B_{12} 可能引起抑郁症状。

(6) 个性：一些内向的人通常比较容易自卑、自责、悲观、敏感、多疑，这些个性导致的情绪容易使人患上抑郁症。

（7）精神压力：现代社会生活节奏快，人际关系冷漠；学校应试氛围浓厚，学生升学、就业压力大。这种精神压力以及随之而来的落榜、失业、失恋、家庭矛盾、失去亲人、经济损失等心理打击都会导致人的情绪低落。

（8）文化氛围：一些在青少年中广泛流行的偶像电视剧很少反映奋斗、拼搏、朴素、进取，充满不劳而获的思想；网络游戏、电影充满暴力，使学生感觉生命的消失无足轻重；学生中的不正常攀比，使人的心灵极度空虚，缺乏理想，缺乏目标，而容易产生悲观厌世思想。

（9）经济压力：不可否认，贫困家庭的学生出现抑郁的可能性更高。许多学校的就读成本很高，而升学、就业的困难使得回报很少。贫困家庭常常是举债供孩子读书，学生坐在课堂里，担心的是下周的生活费、下学期的学费，这样读书谁都会感到绝望。经济窘迫会把一个生命逼向尽头。

（10）情感纠葛：一些人对感情问题态度草率，把爱情当作游戏，而一些学生缺乏自我保护意识，一旦感情受挫，便感觉受到极大欺骗，无法自拔，导致抑郁，甚至最终走上不归路。

（11）厌世、自杀的诱惑：在韩国、日本有很多自杀网站，宣扬厌世就弃世，对世人影响很大，已经成为很严重的社会问题，引起社会的关注。

近年来，中小学生的抑郁也有增多的趋势。中小学生的抑郁多半与学业压力、同学关系、家长过分插手孩子的生活有关。心理学认为，人在巨大压力下，认知、情绪和意志都会"变形"。为了保护自己，人会产生各种保护性心理机制，为自己寻找借口，使自己的失败合理化。比如，努力寻找别人的缺点，以证明他没有全面战胜自己。另外，父母过分插手孩子的生活，也会导致孩子的个人发展和社会交往受到限制，让孩子产生不恰当的想法，比如，没有方向感，甚至怀疑自我是否存在，表现出抑郁症状。据调查，97%的抑郁者表现出否定性的自我评价。在学生群体中更是如此。在学生群体中，自责或犯罪感也很普遍。抑郁的学生常常有社交退缩和自杀意向，也会表现出无缘无故的疲倦，经常诉说头痛、胃痛或身体其他部位的疼痛，并经常出现睡眠障碍，不是睡得过多，就是失眠。此外，还有因食欲差导致的体重下降,运动、言语和反应迟钝等。抑郁的学生还伴有其他症状,如焦虑、恐惧等。

3. 专家建议

抑郁症的危害在于"高发病、高复发、高致残"。六成以上的抑郁症患者有过自杀愿望或行为,15%的抑郁病人最终以自杀死亡。中国人长期的错误观念是造成青少年心理疾病不断增加的重要原因。有调查显示,我国36%的人认为,有严重心理疾病且精神方面有问题的人,才需要做心理咨询。不少父母和教师甚至把孩子的抑郁等心理问题看成是不努力、无心向学的表现。

对于抑郁症患者,我们要有高度的同情心,并劝导其及早诊治。学生抑郁症患者除了少量是由于生理因素之外,大多往往是对外部世界有不正确的认知和理解,而产生悲观、厌世的情绪。美国心理学家埃利斯创建的 ABC 理论认为,人的情绪和行为障碍不是由于某一激发事件 A (activating event) 直接引起的,而是经受这一事件的个体对它不正确的认知和评价引起了信念 B (belief),最后引发了特定情景下的情绪和行为后果 C (consequence)。这种信念也称为非理性信念。

例如:两个学生在校园里散步,迎面碰到他们的老师,学生远远地向老师问好,但老师没与他们打招呼,径直走过去了。其中一个学生这样想:"老师可能正在想别的事情,没注意到我们。即使是看到我们而没理睬,也可能有什么特殊的原因。"另一个学生却可能有不同的想法:"是不是因为我上次公开课没有正确回答问题,他不高兴,所以就不理我了,接下来是不是会给我小鞋穿?"这两种想法产生了两种截然不同的心情,后者很容易产生抑郁心理。

抑郁症的治疗需要学生自己努力调整心理和情绪,并持之以恒地付出主观努力,因此,首先了解自己是否有抑郁倾向是很重要的。以下量表操作简单,学生朋友可进行自测。

抑郁自评表

填表注意事项：下面有20条文字，请仔细阅读每一条，把意思弄明白，然后根据你最近一星期的实际情况选择：

A 没有或很少时间；B 小部分时间；C 相当多时间；D 绝大部分或全部时间。

1. 我觉得闷闷不乐，情绪低沉。　　　　　　　　　A B C D
2. 我觉得一天之中早晨最好。　　　　　　　　　　A B C D
3. 我这一阵总是想哭或哭出来。　　　　　　　　　A B C D
4. 我晚上睡眠不好。　　　　　　　　　　　　　　A B C D
5. 我吃得跟平常一样多。　　　　　　　　　　　　A B C D
6. 我与异性亲密接触时和以往一样感觉愉快。　　　A B C D
7. 我发觉我的体重在下降。　　　　　　　　　　　A B C D
8. 我有便秘的苦恼。　　　　　　　　　　　　　　A B C D
9. 我心跳比平时快。　　　　　　　　　　　　　　A B C D
10. 我无缘无故地感到疲乏。　　　　　　　　　　 A B C D
11. 我的头脑跟平常一样清楚。　　　　　　　　　 A B C D
12. 我觉得经常做的事情并没有困难。　　　　　　 A B C D
13. 我觉得不安而平静不下来。　　　　　　　　　 A B C D
14. 我对将来抱有希望。　　　　　　　　　　　　 A B C D
15. 我比平常容易生气激动。　　　　　　　　　　 A B C D
16. 我觉得做出决定是容易的。　　　　　　　　　 A B C D
17. 我觉得自己是个有用的人，有人需要我。　　　 A B C D
18. 我的生活过得很有意思。　　　　　　　　　　 A B C D
19. 我认为如果我死了别人会生活得好些。　　　　 A B C D
20. 平常感兴趣的事我仍然照样感兴趣。　　　　　 A B C D

计分：正向计分题A、B、C、D按1、2、3、4分计；反向计分题按4、3、2、1计分。

反向计分题号：2、5、6、11、12、14、16、17、18、20。

总分乘以 1.25 取整数，即得标准分，结果四舍五入。

53 分以下无抑郁，53—62 分为轻度抑郁，63—72 分为中度抑郁，73 分以上为重度抑郁。

对于抑郁症，预防在前是很重要的，这一点，我们可以借鉴美国学校的经验。在美国，由于换工作和住所比较频繁，许多孩子的童年都是在搬迁中度过的，致使他们从小就缺少固定的玩伴。美国家庭的离婚率又比较高，因此美国孩子面临更大的抑郁风险。但与我们不同的是，每当出现重大变迁时，美国的父母都会关心孩子情绪的变化。因为孩子需要心理上的适应，需要面对新的学习环境、同伴的认可、老师的肯定等。

同时，美国的学校也从不把学生的成绩在班上公布。美国中学都设有心理咨询中心，随时解答孩子们的心理困惑。美国高校还设有就业指导办公室，既帮助大学生介绍工作，也帮助大学生排解就业压力。我国高校大多由系办公室承担推荐就业的职能，极少有人负责学生的心理减压工作。因此，国内大中小学应强化学校心理咨询师的培训。另外，要强化校园心理知识教育，让每个学生都能在出现问题时，有积极求助的意识。

对于已经出现轻微或中等抑郁症状的学生，可采用心理治疗。心理治疗主要有认知疗法、社会技能训练等。其中，帮助学生进行抑郁心态的自我调节十分关键：第一，做最感兴趣的事。如果学生在学习上没有获得成功，那么帮助学生寻找特长，并且创造机会，让他们展示自我，体验成功。第二，多结交朋友。经常和朋友保持交往的学生，其精神状态远比孤僻独处的人好得多，教师可安排一些学生主动和抑郁学生交往，让他们感受到其他人的关心和帮助。第三，多吃些富含维生素 B 和氨基酸的食物。第四，帮助学生制订一个切实可行的学期目标，并且将其行动计划划分成足够小的步骤，及时反馈信息和巩固已取得的成绩，以确保目标最后的实现。

对于较为严重的抑郁症，则需要药物干预，经过药物治疗病情缓解之后，再转以心理治疗，效果较佳。对 12 岁以下的儿童，除非他们出现自杀行为，否则禁止使用抗抑郁药（如丙咪呐），主要是考虑到其对儿童大脑发育的副作用。

在生活方面，如果家长能创造适当的环境，也有利于抑郁学生的病情缓解。

（1）缓解失眠压力。学生偶尔遇到抑郁经历，不必过分忧虑，人的身心弹性极大，曾经有连续 200 小时不睡者，仍能保持身心功能正常，一两夜失眠自不会造成任何困难。偶尔抑郁之后，如不担心抑郁的痛苦，到困倦时自然就会睡眠。失眠之后愈担心再失眠就愈难入睡。

（2）安排规律生活。避免抑郁的最有效方法，是使生活起居规律化，养成定时睡觉与定时起床的习惯，从而形成学生的生理时钟。偶尔因作业或考试复习需要而晚睡，早晨仍然按时起床；遇有周末假期，要避免学生睡懒觉。

（3）睡前放松心情。睡前半小时内避免过于疲劳。即使第二天要参加考试，也绝不带着思考中的难题上床。临睡前听听轻音乐，有助于睡眠。

（4）设计安静卧房。尽量使学生的卧房隔离噪音，而且让学生养成关灯睡觉的习惯。

（5）简化睡眠环境。养成睡床只供睡眠用的习惯；要求学生不在床上看书，不在床上打电话，不在床上看电视。因为在床上进行其他活动时，常常会破坏自己定时睡眠的习惯。

（6）睡前饮食适度。睡前如有需要，可适度进食；牛奶、面包、饼干之类的食物，有助于睡眠。过饱对睡眠不利；咖啡、可乐、茶等带有刺激性的饮料，应该禁止向学生提供。

（7）保持适度运动。每天保持半小时至一小时的运动，可以使身体各器官保持灵活。睡眠前应避免剧烈运动，想凭借睡前剧烈运动使身体疲倦而后易睡，是错误的观念。

三、身体缺陷

1. 典型案例

学校举行五月歌会，每个班级都要参加。比赛的规则是以班级为单位，演唱两首合唱歌曲，由于这是一个向全校展示班级的机会，所有的班主任都很重视。有些班级提前两个月就进行排练。

为了取胜，各个班级都想办法丰富演唱形式，新新所在班级的班主任决定在合唱中加入队形变化，以增加获奖的机会。

新新很想参加这次演出，事实上，他也努力地记住老师的要求，并且尽力不拖后腿。新新的右脚有些残疾，但平时走路不需要别人帮助，生活完全可以自理。新新希望全班同学把他当正常学生看待，因此除了上体育课之外，从来不会因为自己的身体残疾而向老师申请特殊待遇。但是这次，尽管新新非常努力，他还是感受到了班主任和全班同学失望的目光。歌曲的节奏很快，因为他，全班同学的动作一直不能很连贯地做出来，常常是大家的队形到位了，他还在缓慢地移动。

班主任最终让新新退出排练。他说这是为了班级的荣誉考虑。新新很难过，在班级荣誉面前，很少有人考虑他的感受。

2. 问题表现及原因分析

在普通学校里，身体有缺陷或者有其他健康损伤的学生所占比例很小，但是其缺陷类型多种多样。这些缺陷从哮喘这一相对较轻的病症，到神经性损伤导致的大脑性麻痹。我们将"身体缺陷"定义为，持续限制某人参加一种或多种社会活动的损伤。

身体缺陷学生是弱势群体中的特殊群体，通常情况之下，生理残疾必定导致心理的残疾。有身体缺陷的学生容易产生以下心理问题：

（1）自卑感：孩子由于自身的缺陷或存在的障碍，决定了他们不能正常参与家庭生活及社会生活，普遍有心理上的自卑感。又因为绝大多数残疾人在家庭中的生活时间远远超过家庭以外的社区或社会生活时间，所以这种自卑感在家庭生活中的表现十分明显。

(2) 孤独感：人的孤独感是在不同时间和空间中普遍存在的。对身体缺陷的孩子来说，他们不能适应周围的生活环境，又渴望身体残损得到补偿，因而产生很大的心理负担，孤独感会更为强烈、更为持久。过重的心理负担所产生的困扰，有时超过身体造成的障碍，使他们陷入异常悲观、自顾不暇的境地，很难有精力和情绪去留心外面的世界，甚至完全失去对他人和社会发生兴趣的情感，从而进一步导致孤僻性格的形成。

(3) 焦虑和抑郁：如果孩子的身体缺陷是后天形成，比如烫伤或者截肢等，孩子一般很难接受残疾的现实，会产生不同程度的焦虑或抑郁情绪。

(4) 抱怨与仇恨：抱怨父母、抱怨别人、抱怨命运。认为天地之间唯我多余，人海茫茫，难以容身。他们有时还会把抱怨变成仇恨情绪，对身边的人甚至一些无心的玩笑产生强烈的仇恨心理。

(5) 敏感：身体有缺陷的孩子会过多地注意自己，因而对别人的态度和评论格外敏感，尤其是计较别人对自己带有贬义的、不恰当的称呼，如称他们为"残废"，就会引起他们的反感。如果有人做出有损于他们自尊心的事情，他们往往难以忍受，会当即流露出愤怒情绪或采取自卫的手段加以报复。

(6) 情绪反应强且不稳定：聋哑孩子情绪反应多表现于外，容易与别人发生冲突；盲人情绪反应多隐藏于内心，虽然情感体验很强烈，但情绪表现却不十分明显，而且爆发性情感较少。

身体缺陷孩子的家庭背着沉重的精神负担和经济负担，往往忽视对孩子的教育。苏霍姆林斯基曾把儿童比做一块大理石，他说："把这块大理石塑成一座雕像需要六位雕塑家：家庭、学校、儿童所在的集体、儿童本人、书籍和偶然出现的因素。"家庭是孩子成长的重要基石，因此，家庭教育对残疾孩子来说，就显得尤为重要。

然而，许多家庭对身体缺陷子女的出现十分懊恼和怨恨。他们对子女的心态复杂而焦虑。有人经调查，将这种情况下的家庭教育分为五种类型。

（1）家庭教育"蒸发"型：家长长期在外打工，孩子由老人带或者干脆寄养在亲戚家中，家庭教育无人过问。

（2）家庭教育"负疚"型：由于先天或后天的不幸，导致子女成为盲人、聋人、智障者等，在久治不愈之后，家长往往带有内疚心理，觉得亏欠孩子的太多，于是对孩子娇生惯养，往往用过分溺爱来弥补。这类学生通常家庭条件比较好，但是家长对孩子的不良行为缺乏教育，而采取听之任之的态度。

（3）家庭教育"顺其自然"型：首先认为残疾人读书无用，认为许多正常学生读到初中或者高中，就有学生不愿读书而失学，正常人即便考上大学，找工作也非常困难，何况残疾人呢？不如就待在家里，不用上什么学，免得浪费时间和金钱。有些盲聋孩子的家长不懂手语、盲文，更谈不上使用，因而与孩子交流很少，更谈不上教育了。

（4）家庭教育"知识"型：这类家长只关心残疾孩子的学习，以成绩优劣来衡量孩子好坏，很少关心孩子的内心世界，这类孩子虽然身体有一些轻微残疾，但其他方面都与正常孩子无异，他们对家长的教育常常存在逆反心理。

（5）家庭教育"包袱"型：还有个别不负责任的家长把孩子扔到学校不管不顾，或者觉得这是国家和社会的事情。这类家长不多，但也的确存在。

身体有缺陷，又遇到这样的家庭，的确是雪上加霜。然而，许多人却能积极面对，这种焦虑和压力反而会成为一种动力。古往今来，身体有缺陷但是取得成功的人何止成千上万，粗粗一数，就有以下诸人：

中国残疾人事业的奠基者——邓朴方

青年楷模、作家——张海迪

以文学思考人生的作家——史铁生

《二泉映月》的绝唱——阿炳

中国的保尔——吴运铎

盲童教育家——徐白仑

体操运动员——桑兰

聋人手语主持人——姜馨田

印象派巨匠——凡·高

伟大的理论物理学家——霍金

轮椅上的提琴家——帕尔曼

永远的超人——克里斯多夫

坐轮椅的美国总统——罗斯福

享誉世界的作家和演说家——海伦·凯勒

音乐大师——路德维希·凡·贝多芬

留下了大量科普文献的科学家——高士其

苏联作家——奥斯特洛夫斯基

《美丽心灵》的天才——纳什

不朽的聋人发明家——爱迪生

坚强的小说家——海明威

捷克音乐天才——斯美塔那

无脚飞将军——马列西耶夫

一方面，我们看到很多不幸的人无法摆脱宿命，暴躁、无常又自怨自艾；另一方面，我们身边也有许多的普通人通过与命运抗争，而成为生活的强者，一位右手出生时只有三指的人这样写道：

我想我的身体是有存在价值的，它能经得住外科手术的煎熬，可以进行物理治疗，然后还可以游泳，练习瑜伽。但是，这些都不是我生活的重点，我希望别人在尊重我的身体的同时，记住只有思想和灵魂能够决定我的价值。而且，我要告诉所有人，我们的身体是以各种形态、肤色和尺寸存在的，然而每个人都与他们身体上的某种缺陷进行着某种方式的斗争。

……

有的人以偏见或者怜悯的态度对待我，有的人仅仅是好奇。经过漫长的岁月，我学会了无视这些看法，而且以微笑回答他们。我的身体教会我要尊重我的同胞，不管是瘦的、健全的还是美丽的人。

3. 专家建议

　　许多身体有缺陷儿童的家长不愿把孩子送到特殊学校去，而教育部门也鼓励那些能够随班就读的身体缺陷儿童在普通班级里和正常孩子一起读书。在交往过程中，我们要注意克服以下干扰：

　　（1）我们即使把他们当作正常人看待，也不要忽略了激烈竞争对他们产生的影响。正常儿童尚且不能完全适应现在学校的竞争氛围，更何况这些孩子？当他们好不容易积攒的信心和勇气遇到挫折时，就会出现问题。

　　（2）当前整个社会对残疾人的关注不够，很多人还存在着歧视、漠视残疾人的问题，使身体缺陷的儿童感到孤立无助，在生活和学习中均难以实现自己的愿望而产生低人一等的心理。

　　（3）我们常常宣传残疾人中的佼佼者，如金晶等，而忽视了大多数身体缺陷的儿童都是平凡而普通的人，他们努力之后也无法达到人们仰慕的程度。

　　（4）对于身体缺陷儿童，最忌讳的就是只知道同情与怜悯，却没有关注他们的自尊与特点，他们的个体差异与奋斗的艰难往往被人忽视。

　　（5）"不指望这片地收谷子"的心理，限制了身体缺陷儿童的生活范围和生存范围，也抑制了他们的创造力与潜能的发掘，埋没了很多本可以成为佼佼者的人才，有时也会使一部分儿童产生过度的依赖心理而不求上进。

　　（6）身体缺陷儿童的报复心理并非与生俱来，往往由于外界的不当反应，如对意外事故的不当处理等。当他们的真实心理不被重视和理解时，他们就容易产生暴躁与抑郁的情绪。

　　在学校教育过程中，教师对所有学生都要做到一视同仁。1994 年 6 月 10 日，在西班牙萨拉曼卡召开的世界特殊需要教育大会上通过的一项宣言中提出了"全纳教育"的理念。它容纳所有学生，反对歧视排斥，促进积极参与，注重集体合作，满足不同需求，是一种没有排斥、没有歧视、没有分类的教育。全纳教育认为，所有学生都能受益于在多元的环境中学习，学习人类之间的交往、关心和责任，这些都如学习数学、阅读和写作一样重要。

通常，在我们的学校班级中，如果有学生在学习上产生了困难，往往被认为是学生个体的事，是他与其他人不同，是他有个人的问题。解决的办法也仅仅是关注他的个人问题，而全纳教育认为，在学校班级里，学生的学习或活动有困难或有问题，这不仅仅是他个人的问题，也是班集体的问题。因为我们的班级是一个学习的集体，而有问题的学生是我们这个学习集体中的一员，是我们学习集体中的合作者。例如，班级中有一个学生在语言交流上有问题，如果大家认为他有语言交流困难，而不与他进行交流，那么不仅他会陷入更大的困境，大家也都会失去相互交流的益处。如果大家能合作，想方设法去寻求战胜交流和理解的困难，那么大家都会体验到一种有难度而又有教育意义的经历。通过这种富有意义的亲身感受，同学们也学会了移情，学会用集体的力量来改变个人的问题。因此，与我们通常的观念不同，全纳教育的立足点是集体，解决的方法是合作。

用全纳教育的观点来看待前面的案例，我们不禁替新新感到惋惜。如果他的班主任能够接触到这样的理念，他就会知道，让新新参与大合唱，比班级拿名次要重要得多。

今天，当我们的社会变得越来越多元的时候，教师也必须意识到，每一个学生都是不一样的，每一个学生都是典型的，因此，也就不存在典型学生或者特殊学生。在教师的眼中，即便是有身体缺陷的学生也是正常的。

如果班级里有身体缺陷的学生，采取小组合作学习通常是一种比较好的方法。合作学习为将所有学生纳入普通教育环境提供了理想的条件。所有学生都会意识到他人的不同，并努力辨识和接受每个人的不同，合作学习让学生感受到多元化的结果，而多元化又将极大丰富学习的进程。

教师应当努力营造班集体成员互相关心、信任的氛围。有身体缺陷的学生，在小组活动中不仅需要达到学业的目标，**更要培养、强化社会技能**，这将有利于其他学生接受他们。例如，让全班学生在一张纸条上写下我想如何被他人对待以及我将如何对待他人，每一项都要有具体的指向，写完后在班级里进行交流，这对于有身体缺陷的学生迅速融入班级极为有益。

教师还可以尝试其他方式，以更好地实现这种社会化的进程。例如：把身体缺陷儿童分到合适的小组，使小组成员都能够十分友好地对待他；改善班级设施，使有身体缺陷儿童更容易地学习；了解身体缺陷儿童的特长，商讨展示这种特长的可能性；与他们沟通，了解他们能够为班集体做些什么；在班级里开展角色扮演日，某一天有一些正常的学生要扮演盲人或者肢体不便的人生活一整天，以此让他们感受身体有缺陷儿童的处境；经常思考和搜集对待残疾人的正确方式……

当然，最重要的还是身体缺陷儿童自身要自尊、自信和自强。要知道，绝大多数健全人主观上是乐于帮助残疾人的，只是由于残疾人孤僻甚至不愿与外界沟通的生活方式使他们感到残疾人的怪僻和难以理解。这更是残疾人无法获得符合自己实际情况的有效帮助的最大"盲区"。

几乎所有的残疾人——不论其残疾程度多么的严重——都有一种强烈的、共同的心理，那就是盼望社会乃至所有的人都能够给予自己各种心理、生理、生活、学习、工作甚至恋爱等方面平等的权利。这种平等应该是绝对广义和真正意义上的，不容半点虚假。残疾人获得这种真正平等权利的前提是，"我能行""我可以适应"和"我并不特殊"。要达成这样的结果，身体有缺陷的儿童应该通过自身的不断努力，克服那些不利于日常生活、学习和工作的不健康的心理障碍。这一过程注定是漫长、艰难、痛苦而又不可或缺的。

第七章

如何成为教育问题学生的高手

一位优秀的教育者必须疯狂地热爱他的工作，且必须冷静理性地思考问题。同时，他需要坚持，更需要一些聪明的创造。因此，如果让我来给出优秀教育者的三个品质，我的答案将是：激情、理智、智慧。

对待问题学生，教师应找准问题出现的根源，和学生保持良好的沟通，建立起互信、互爱的师生关系。在教育的过程中广泛吸收教育智慧，不断积累方法和经验。

一、转变教育观

孩子的问题就是成人的问题。在面对问题学生的时候，教师不妨想想，自身的行为是否有错？如果把学生当作自己的孩子，把问题学生当作教育之路上改正自己弱点的"试金石"，又有谁还会觉得问题学生让人头疼呢？

1. 问题学生的根源在哪里

当我们与问题学生发生冲突和争论、彼此之间怒气冲冲剑拔弩张的时候，我们可能忽略了一个显而易见的事实——这场冲突和争论是教师和学生共同作用的结果，双方都为此做出了属于自己的"贡献"。

你可能很不服气，因为你觉得你自己做了教师应该做的事情，你在努力地教育学生，转化学生，你受到了伤害，而学生却习以为常。更严重的是，当学校领导出面协调矛盾的时候，学生反而觉得是他们受到了误解和伤害，应当受到责备的不是他们，而是身为教师的你。

你为此感到难过和不解吗？

一位教育者说，教育者和孩子其实是共同成长的。那些善于反思的教育者常常能在孩子身上看到自己的影子。当孩子出现问题时，他们的第一个念头不是"这些孩子做了哪些错事"，而是"究竟我做错了什么使得孩子产生这样的行为"？

一名高二学生整天生活在认为自己得了艾滋病的恐惧中，他每天不停地洗手，一次要洗一个多小时，一周就会用掉一块香皂。最初，教师和心理医生认为这是孩子高考焦虑的体现，但最终，他们发现问题的根源在于孩子的父母，父母之间的恶劣关系以及父亲对待哥哥的教育方式，给这个孩子带来了莫名的恐慌。

一位心理专家在一次课堂上请她的学生回忆有生以来"印象最深的不被尊重的经历"，结果让这位心理专家特别吃惊。"孩子们提到的都是在课堂上如何被老师羞辱。"她说，有老师呵斥学生让他趴在墙上，保持"脚跟提起"的姿势直到下课，"像警察抓小偷一样"。一位白发老头把"犯错的学生"叫出教室，关门就打。

今天，我们必须意识到，孩子的问题，就是成人的问题。如果一定要贴问题学生的标签，那么首先应把这个标签贴到教育者自己身上。

在行使我们神圣的教育使命之前，请谨记赫尔岑的那句名言："我们不是医生，是疾病。"

2. 把学生看作自己的孩子

有这样一位教师，她对每一个孩子都很好。无论是成绩好的学生，还是成绩不太好的学生，她总是用笑脸面对他们。学生喜欢她，家长也喜欢她。她把每一个孩子都当成了自己的孩子。

学校里请她发言介绍自己的经验。她说，她有一个女儿，在一所学校读初中。她的女儿很平常，成绩很不出众，甚至还常常在中下水平。女儿的班主任和科任老师因此不太喜欢这个学生。有很多次，她都在心里默默地祈祷，希望女儿的班主任能够给她女儿一点爱，可是，一到学校面对那些老师严肃的面孔，她又说不出口。

她说，如果能够换一种评价体制，那么她的女儿其实很可爱，除了学习成绩不好，优点很多，在她的眼中，女儿应该是很优秀的。既然改变不了别的老师，就从我自己做起吧，努力发现每一个学生身上的闪光点，像疼爱自己的女儿一样疼爱这些学生。

这位教师的发言令人感动，大家给了她经久不息的掌声。她是一位普通的教师，这段发言已让她超越许多所谓的优秀教师。

爱自己孩子的是人，爱别人孩子的是神。爱自己的孩子是人之常情，那种发自内心的不可抑制的喜爱来自天性，即使孩子不是那么聪明，但孩子总是自己的好，在成长的过程中，孩子取得的每一点进步都足以让我们欣喜和宽慰。但是，当面对那些不那么出色的学生的时候，我们就可能变得吹毛求疵。我们的要求很高，他们不能犯一点点小的错误，取得了进步不能沾沾自喜，因为他们应该还可以做得更好。

在优秀的教师那里，不存在问题学生的概念。优秀教师把学生看作自己的孩子，会想尽一切办法帮助他们、感化他们。

3. 把问题孩子当成"试金石"

在我工作的第一年，学校安排我做班主任。由于我的真诚投入，我受到了全班同学的欢迎。事实上，那时我不知道怎么做老师，不知道怎么上课，一点没有老师的架子，和学生的关系很近。课堂上，我给他们讲故事，用故事说明道理；课后，我和他们平等地交流，他们也邀请我参与他们的活动；春天来了，我带他们走出校园，到野外去踏青，去熟悉各种农作物和植物；双休日，我领着他们去溜冰场溜冰，去公园游玩。我们在一起度过美好的时光，一切都很顺利。

可是，问题在第二年伊始很快暴露出来。学生进入初一，逐渐表现出心理上的叛逆，没有经验的我对此处理不当，进退失据，很快便陷入巨大的迷惑和痛苦之中。很多事情都是因为一开始没处理好，导致后来彻底弄僵。初二的时候，年级里重新分了班，我的情况不但没有改进，反而更糟，因为那些调皮的男生还在我的班里，别的班级调皮的学生又加入进来。

那时，我虽很努力，可是对学生已没有什么正面的影响力。我说的话再正确，他们也不一定听。即使知道我是为他们好，他们也不照着做。那时的我经常痛苦得无法入眠，我不断反思自己，哪里做错了？面对着一群处在他们一生中最叛逆时期的男孩，我体会到了无计可施的感觉，也终于明白一开始的"一着不慎"，而造成后面的"满盘皆输"。到了初二结束，因为我这个班级频频"出事"，学生学习成绩差，纪律也差，我终于被学校撤去班主任的职务。

在经历了这届学生的巨大锻炼之后，我也有了巨大的提高。把这届学生送走，学校让我接了一个新班。重做班主任，我已经有许多经验教训在心头，虽然这个班级的学生仍然很调皮，但是，我已能正确地处理出现的各种问题了。

我之所以后来能写出《班主任兵法》一书，事后想来，与我第一次失败的班主任经历有很大的关系。如果没有那段刻骨铭心的惨痛教训，我就不会知耻而后勇，进行深刻的反思。从哪里跌倒，再从哪里爬起来。

孟子说："故天将降大任于斯人也，必先苦其心志，劳其筋骨，饿其体肤，空乏其身，行拂乱其所为，所以动心忍性，曾益其所不能。"也就是说，成大事者必经磨难，那些最终成就的成功品质都是在艰苦环境中磨炼而成的。

所以，面对问题学生，正确的态度就是把他们看成"试金石"。有问题学生存在，恰恰说明教师的教育能力还有不足，以问题学生为镜，可以照出我们自己的弱点。通过自己的努力，当这一届学生带完之后，教师便掌握了教育转化这一类学生的方法，以后再碰到这样的学生，就可以得心应手、应对自如了。

二、在反思中成长

英国哲学家洛克认为，反思是知识的来源之一。写教育日记就是一种行之有效的反思方式。教师可以在反思中总结经验，吸取教训，形成好的教育方法。

1. 坚持写教育日记

2002年6月22日，"教育在线"网站开通的第七天，时任苏州市副市长、苏州大学博士生导师朱永新先生在论坛上发了个《"朱永新成功保险公司"开业启事》的帖子，吸引了无数人的眼球。

"朱永新成功保险公司"开业启事

好消息！

朱永新成功保险公司今天正式开业了！

现在保险业生意兴隆，什么人寿保险、财产保险、医疗保险、航空保险……可谓名目繁多，花样迭出。既然那么多的保险公司雨后春笋般冒出来，我今天也来凑个热闹，开一个成功保险公司。

本公司宗旨：确保客户利益，激励客户成功。

参保对象：不限。但尤其欢迎教育界人士，因为教育的成功是中华民族伟大复兴的基石。

投保金额：不限。从数元至数千元任您自选。欢迎万元以上大客户。

保期：10年。

投保条件：每日三省其身，写千字文一篇。一天所见、所闻、所读、所思，无不可入文。10年后持3650篇千字文（计360万字）来本公司。

理赔办法：如投保方自感10年后未能跻身成功者之列，本公司以一赔百。即现投万元者可成百万富翁（或富婆）。

本公司只求客户成功，不以营利为目的。所有利润将全部捐赠希望工程。

欢迎投保，欢迎垂询！

保单索取：webmaster@eduol.com.cn

朱永新通过这一特殊的方式，提倡青年教师撰写教育日记，在他的倡导下，成百上千的教师开始通过每天的日记，反思自己的教育，通过反思获得进步与提高。

河南省一位普通中等职业学校的音乐教师李迪，这两年成了教育界一颗冉冉升起的新星。2007年，她应一家出版集团的邀请撰写了五本书，其中四本以"李迪文集"为总题目问世；成为"教育在线""班主任之友"等教育网站深受欢迎的版主；在《河南教育》《班主任之友》《福建教育》等报刊上发表了十来篇文章；2007年9月被评为郑州市第二届"百名名师"；2007年12月在全国首届班主任教育日记"心灵写诗"金笔奖颁奖大会上赢得第二名的好成绩，并且和李镇西结为师徒⋯⋯

李迪何以在短时间内取得这么大的成功？一切源自她的努力。她曾经自述道："近年来，我要求自己每天阅读1万字，书写1000字。在学习先进教育理念的同时，我视界更加敞亮；在反思教学实践的过程中，我思想日益深刻。可以肯定，一个成长中的老师，必定有时时审视自己、否定自己、超越自己的闲暇。只有明白什么是心灵的需要，什么是形式的禁锢，才能做到不肯心为形役，不为物质牵绊，并保持着敏锐目光，去认识教育问题的症结所在。"每天阅读1万字，书写1000字，日积月累，这是何等的数量！李迪的经历告诉我们，成功没有捷径，只有静下心来，踏踏实实地积累、反思，才能厚积而薄发。

2. 从挫败中吸取教训

每一个人在成长的道路上都会碰到挫折。强者从失败中获得营养，弱者在失败中退缩放弃。

我们要做生活的强者，要让每一次的失败和挫折都成为我们进步的阶梯。成功其实很简单，那就是，即使我不知道怎么做是正确的，至少在失败和挫折之后，我知道怎么做是错误的。这样，每当我失败一次，我可能犯的错误就少了一个，我离成功就更近了一步。

儒家思想中有一句很经典的话，叫作"己所不欲，勿施于人"。作为一名教师，不应当也没必要经历所有的错误，因为我们可能以前没有做过老师，但我们一定都做过学生。在我们当学生的时候，老师曾经对我们做过的一些不恰当的行为，我们完全可以在成为教师之后杜绝。

记得我还是一名小学生时，常爱在课上抢答问题，这在今天也许还会受到某些老师的赞扬，可在那个年代，我被定性为"淘气和自以为是"的"问题孩子"，曾在某次课上抢答后，我被语文老师罚站一节课，使我的自尊心受到了极大的打击。无独有偶，几十年后，我儿子在初一语文课上抢答问题，被老师认为是干扰了课堂秩序的"问题学生"，竟也罚站一节课，在很长时间内，我儿子都对那位语文老师有抵触情绪。我自己也曾当过几年老师，也碰到过一位爱在课上抢答问题的学生，我曾恼火得几乎要罚他站了，但突然想到了当年的自己，我忍住了，没有处罚那个学生。许多年以后，那个学生对我说，我是唯一一个在他上课抢答问题时，没有处罚他的老师，竟让他从此自信而且多年对我心存好感。

（上官宣，2007）

有人说，如果一位教师在学生时代曾是一名后进生，那么他成为一名优秀教师的可能性会更大。这话很有道理，原因就在于一名后进生更能够引发教师的错误教育行为，因而也能够更深刻地感受到教师的错误教育。当他自己成为教师之后，他已经自然而然地吸取了很多不成功教师的经验，和其他教师相比，他可以少走很多弯路。

三、修炼人生境界

歌德说："读一本好书，就是和许多高尚的人谈话。"要想提高教育水平，自我总结是不够的，还需要学习。立学以读书为本，只有这样，才能从一个教学型的教师成长为一个专家型的教师。教育智慧的积累过程，就是教师的成长过程。

1. 养成阅读的习惯

几年前，北京市海淀区教育科学研究所曾经面向全区做过一个有关教师读书的调查，调查的结果令人忧虑。有半数以上的教师每天阅读时间不足半小时，平均每人每年读书不到 7 本。

统计表明，教师阅读时间明显不足。有 53.5% 的教师平均每天阅读时间不足半小时，教师每周能利用业余时间进行 1 小时阅读的占 15.4%，每周阅读时间为 2～3 小时的教师占 33%，每周阅读时间在 4～5 小时的教师占 19.2%，每周阅读时间超过 5 小时的教师占 27.3%，另有 5.1% 的教师几乎没有时间阅读。

有专家表示：对于教师职业而言，这样的阅读时间是难以满足知识更新需要的。

记者在调查问卷汇总材料中看到，相比中学教师，小学教师阅读的时间和数量较多——平均一年读书都在 9 本以上。有专家分析，这可能与他们没有升学考试的压力，有一定的时间和精力来读书有关。此外，学历相对低的教师读书也偏多，这可能因为有学历达标教育，需要通过不断学习、读书来提高自己的业务水平及学历。

"书籍、网络、杂志、报纸、其他……"记者还发现，此次调查的结果显示：教师阅读媒介以书籍为主，网络成为第二选择。其中，选择纸媒读物的占 69.7%，选择其他的仅占 2.8%。

"从教师阅读种类看，教学参考书占绝对多数。"吴颖惠介绍说，"但半数以上的教师个人藏书量在百本以下。"

(雷玲，2007)

要引起我们警醒的是，在阅读总量严重不足的情况下，占绝对多数的教师读物居然是教学参考书！如果去掉教师参考书的话，教师的主动阅读将会是一个可怕的数字。这就是承担着教书育人重任的教师吗？

有些教师说，我每天要上那么多的课，课前要备课，课后还要改作业、辅导学生，回家还要忙家务，我哪里有时间去读书呀？的确，我们的教师工作非常繁忙，这里，借用李镇西老师一句戏谑性的却是很有启发的话：在谈恋爱的时候，我们再忙都能找出时间去约会，所以，有没有时间，关键还是态度问题嘛。

对教师的读书行为怎么强调都不过分，苏霍姆林斯基曾经说过："真正的教师必是读书爱好者：这是我校集体生活的一条金科玉律，而且已成为传统。一种热爱书、尊重书、崇拜书的气氛，乃是学校和教育工作的实质所在。"

好的阅读是一场精神的对话，一次心灵的旅程。好的书籍如同一位优秀的向导，引领我们走向更高的境界。在阅读中我们拾级而上，获取丰厚的知识与学养。在博闻广见的基础上我们参悟、深思。在阅读中思考，在思考中阅读。合上书本，一切了然于心，方才发现阅读的乐趣超过其他一切物质享受。

2. 提升教育境界

作为一名教师，我们应该时常问自己一个问题：我们究竟要教给孩子什么？

通俗的说法是，首先教学生知识，其次教学生做人。问题出来了，知识可以教，做人怎么教？

做人是没有办法"教"的。那是因为，如果教师本人做人有问题的话，他又怎么能够"教"出会做人的学生？经历了实践磨炼的教育者一定知道，有效的教育不是说教，而是影响。

有人把教师分为四种境界：教师，教学能手，学科教育专家，教育家。当跨越教学能手之后，一位教师就把真正的注意力从教学转向教育。那个时候，他会开始思考教与学的关系、学生的角色、教师的角色，他会重新审视自己的学生观、知识观、课程观乃至职业观。

真正教育的境界是不教而教。学贯中西的大师林语堂曾说："在牛津、剑桥，那些老师怎么去教学生？他们把学生叫来，一边抽着烟斗，一边天南海北地聊，学生被他们的烟和谈话熏着，就这么熏出来了。"当一名教师进入一定的状态之后，他的一举一动、一言一行都是教育。甚至有的时候，他不需要说什么，也不需要做什么，只需要在孩子们中间一坐或一站，就已经散发出教育的魅力。

对"问题学生"最理想化的教育，也许还是英国人尼尔创办的夏山学校。该校教师非常尊重学生的个性，从不把自己的想法强加给学生，且放手让学生自主选择，充分体现了以人为本。在夏山学校，孩子们上课完全自由。孩子们可以上课，也可以不上课，允许犯错误。这些看似迁就学生，实际上是让学生在自我发展中不断体验、感悟、启迪。教师成为孩子的伙伴，他们很少说教，他们采取"蹲着身子与孩子对话"的姿态与学生互动。我们很多家长总是限制孩子玩，可夏山学校的老师却认为"不让小孩玩个够，对于他们的伤害是很难估量的"。因此，夏山学校的孩子没有恐惧、没有压抑，身心活泼而健康。这样一所学校照样培养出了杰出的设计师、医生、演员、音乐家和数学家。

（顾雪林，2009）

3. 积累教育智慧

今天，在关爱学生的前提之下，我们越来越提倡教师的教育智慧。一个不合格的教师，可能是一个非常爱学生的教师，但是缺乏教育的方法，缺乏教育的智慧。按照学生的说法，××老师是一个好人，却是一个无用的好人。

教育智慧是教师在教育活动中一种系统的整合性的智慧。它是一种教育境界，包含教育理智、教育意识、教育能力、教育机智、教育艺术等，具有解决各种结构性冲突并善于将内外各种因素实现优化组合的能力。

教育智慧有三个要素，具备这三个要素的教师，我们可以称之为有教育智慧的人。第一，了解学生心理，掌握学生细致入微的心理活动，能与学生进行心灵沟通，通过自身的言行影响学生，使学生积极地、创造性地投入学校生活。第二，具有开放的、活跃的思维态势：不墨守成规、经常多思、质疑，能打破线性思维的束缚，能根据对象实际和面临的情况，敏锐感受、准确判断，把握时机；能及时转化教育矛盾的冲突，从新的角度寻找出路，迅速调整自己教育行为的机智。第三，具有不断反思的能力。能从自己的教育实践和周围发生的教育现象中发现问题，对日常工作保持一种经常思索的习惯，由此不断改进自己的工作、提高自己主动适应的能力。

有这样一个孩子，他非常聪明，也非常顽皮，开始的时候成绩还不差，到了后来，家长不管，老师不问，学习成绩一落千丈，变成了每个老师见到都怕的问题学生。可他有一门学科的成绩却非常棒，中考的时候还考了全班第一！这门学科竟然是大多数孩子都很头疼的政治！

政治老师是一个有教育智慧的人。有一次上政治课时，政治老师提了一个曾经讲过的简单的问题，指名叫这个孩子回答。这个孩子因为上课不听讲，根本回答不出来，不但不觉得羞愧，还昂首挺胸摆出一副满不在乎的样子。出乎所有人的意料，政治老师没有像其他老师那样批评他，而是微笑着请他坐下，然后继续上课。

过了几天，又上政治课，政治老师面带笑容地把上次提问这个孩子的问题又问了一遍，并且仍然提名他回答。这个可怜的孩子和上次一样，还是回答不出来。但这一次，这个孩子感到了羞愧，他不再像上次那样昂首挺胸，而是低垂着脑袋。政治老师仍然没有一丝批评，微笑着继续请他坐下。

又过了几天，还是政治课。政治老师面带笑容把上次提出的老问题又提出来了，还是请这个孩子回答。这一回这个孩子早有准备，他非常完美地给了政治老师一个满意的答案。政治老师十分高兴地称赞他说："我就知道你一定行！你不会让老师失望的！"

后来，这个孩子尽管学习还是不太认真，但是对于政治学习却一丝一毫都不松懈，到中考的时候让人瞠目结舌地夺得全班第一。

所以，永远不要说孩子不可救药，永远不要说自己毫无办法。要坚定信念，相信办法总比困难多，相信改变孩子的方法一定存在，只是自己还没有找到。

条条大道通罗马，让"问题学生"回归到常态生活的路也有千千条。成长对"问题学生"来说，是一件痛苦的事情。俗话说，浪子回头金不换。也许，根本就没有什么"问题学生"，只是一些学生出现了一些成长中的问题，解决学生成长中的问题可以看成是一个化蛹为蝶的过程。一把钥匙开一把锁，每一个学生问题的解决都是一个创新的过程，教师生活也会因此而更加精彩。

附录

主要参考文献

[1] BURKE K. 与问题学生"过招"[M]. 郑莉,译. 北京:中国轻工业出版社,2008.

[2] DAVIS B M. 如何教和你不同的学生——与文化背景相关的教学策略[M]. 丁红燕,王佳权,译. 北京:中国轻工业出版社,2008.

[3] GILL V. 你必须面对的10种学生[M]. 朱一玲,译. 北京:中国轻工业出版社,2009.

[4] KOTTLER J A. 轻松搞定使你"发疯"的问题学生[M]. 罗兴娟,译. 北京:中国轻工业出版社,2009.

[5] MERCER C D,MERCER A R. 学习问题学生的教学[M]. 胡晓毅,谭明华,译. 北京:中国轻工业出版社,2005.

[6] MILTENBERGER R G. 行为矫正——原理与方法[M]. 石林,译. 北京:中国轻工业出版社,2004.

[7] 东子. 快乐教育18法——轻松做老师 教出好学生[M]. 桂林:漓江出版社,2007.

[8] 葛道,陆琳. 自我心理平衡术:当代实用心理学[M]. 北京:中国社会出版社,1997.

[9] 顾雪林. 也许,根本就没有什么"问题学生"[N]. 中国教育报,2009-04-21.

[10] 蒋薇美. 班主任心理辅导技巧[M]. 上海：上海教育出版社，2007.

[11] 雷玲. 教师阅读量持续走低令人忧[N]. 现代教育报，2007-07-02.

[12] 李凌青，崔华芳. 10种培养孩子意志力的方法[M]. 北京：中国纺织出版社，2006.

[13] 林崇德. 咨询心理学[M]. 北京：高等教育出版社，2002.

[14] 林进材. 班级经营[M]. 上海：华东师范大学出版社，2006.

[15] 刘继荣. 家有中等生[M]. 台北：世茂出版社，2009.

[16] 刘万英，等. "问题学生"更渴求爱与归属[N]. 中国教育报，2009-04-21.

[17] 马联芳，李丽桦，盛天和. 99个班主任的教育机智[M]. 上海：上海教育出版社，2006.

[18] 钱铭怡. 心理咨询与心理治疗[M]. 北京：北京大学出版社，1994.

[19] 芩国桢，等. 学校心理干预的技术与应用[M]. 南宁：广西教育出版社，1999.

[20] 上官宣. "问题学生"的问题何在？[N]. 中国教育报，2007-04-26.

[21] 唐伟红，崔华芳. 影响孩子一生的36种好习惯[M]. 北京：北京工业大学出版社，2005.

[22] 万玮. 班主任兵法2：实战篇[M]. 武汉：长江文艺出版社，2008.

[23] 万玮. 班主任兵法•修订版[M]. 上海：华东师范大学出版社，2009.

[24] 王晓春. 问题学生诊疗手册[M]. 上海：华东师范大学出版社，2006.

[25] 王自军，等. 网瘾者：被网络摧残的人[N]. 信息时报，2008-12-04.

[26] 温泉. 网瘾只是表象？400万网瘾少年背后隐藏教育之痛[N]. 中国青年报，2008-09-12.

[27] 胥茜. 该如何约束未成年"问题学生"[N]. 中国教育报，2004-02-12.

[28] 姚鑫山. 个别心理辅导[M]. 上海：上海教育出版社，2000.

[29] 余如进. 班级管理经典案例评析[M]. 北京：科学出版社，2007.

[30] 曾国平. 从责任走向优秀[M]. 重庆：重庆大学出版社，2009.

[31] 张日昇. 咨询心理学[M]. 北京：人民教育出版社，1999.

[32] 张万祥，万玮. 教师专业成长的途径：30位优秀教师的案例[M]. 上海：华东师范大学出版社，2005.

[33] 张万祥. 班主任专业成长的途径：40位优秀班主任的案例[M]. 上海：华东师范大学出版社，2008.

[34] 张源侠，骆丽萍. 实用心理自我疗法[M]. 上海：华东师范大学出版社，1994.

[35] 赵连根. 花季心雨——心理辅导个案集[M]. 上海：上海社会科学院出版社，2005.

[36] 郑照顺. 青少年生活压力与辅导[M]. 广州：广东世界图书出版公司，2003.

万千教育 基础教育类书目

书号	书名	著、译者	定价(元)
班主任工作理念与方法系列			
2877	班主任工作的60个"鬼点子"	刘坚新 郑学志 编著	52.00
2879	班主任与家长沟通的艺术——创建优质家校关系的60个策略	郑学志 著	52.00
2204	做一个会"偷懒"的班主任(第二版)	郑学志 著	48.00
1708	怎样教授道德才有效——德育心理学家给教师的建议	杨韶刚 等译	48.00
1709	学生特殊问题发现与应对——给普通教师的建议	昝飞 等著	48.00
7316	把班级还给学生——班集体建设与管理的创新艺术	郑立平 著	26.00
7344	遭遇问题学生——问题学生的教育与转化技巧	万玮 编著	25.00
7317	魅力班会是怎样炼成的	杨兵 著	25.00
8631	家校沟通,没有痛过你不会懂——知名班主任梅洪建的心路历程	梅洪建 著	32.00
0539	如何上好班级心理辅导活动课——钟志农答疑50问	钟志农 著	42.00
9902	德育主任新方略	丁如许 著	32.00
8611	班主任工作中的心理效应	刘儒德 主编	35.00
1135	班主任有效沟通的艺术与技巧	李进成 著	36.00

编号	书名	作者	定价
0541	班主任如何破解德育低效难题	赵坡 著	35.00
9135	班主任,青春万岁——王君带班之道	王君 著	34.00
8770	班主任如何带好差班	赵坡 著	30.00
8309	扶年轻班主任上马	王莉 著	38.00
7926	教师必须掌握的教育惩戒艺术	郑立平 等著	28.00
7928	做一个聪明的班主任——对常见七类学生的教育艺术	郑立平 等著	28.00
班主任工作理念与方法系列合计			694.00
中学/中职班主任专业技能系列			
0938	好班是怎样炼成的——中学班主任班级建设之道	谢云 主编	38.00
9882	初中主题班会设计技巧与优秀案例	郑学志 主编	34.00
9056	高中主题班会设计技巧与优秀案例	郑学志 主编	32.00
9557	打造高中卓越班级的42个策略	覃丽兰 著	38.00
9990	打造中职卓越班级的41个策略	李迪 著	32.00
9905	中职主题班会设计技巧与优秀案例	李迪 著	35.00
9604	中学德育问题与对策	李季 贾高见 著	35.00
8463	中学班主任的70个临场应变技巧	刘令军 等著	34.00
中学/中职班主任专业技能系列合计			278.00

……
欲了解更多图书信息,请登录:www.wqedu.com
联系地址:北京市西城区三里河路6号院2号楼213室　万千教育
咨询电话:010-65181109,65262933
*本目录定价如有错误或变动,以实际出书为准。